MANAGEMENT NÃO É O QUE VOCÊ PENSA

```
M667m    Mintzberg, Henry.
             Management não é o que você pensa / Henry
         Mintzberg, Bruce Ahlstrand, Joseph Lampel ; tradução:
         André de Godoy Vieira ; revisão técnica: Jonas Cardona
         Venturini. – Porto Alegre : Bookman, 2011.
             152 p. : il. ; 23 cm.

             ISBN 978-85-7780-885-4

             1. Administração. I. Ahlstrand, Bruce. II. Lampel,
         Joseph. III. Título.

                                                        CDU 658
```

Catalogação na publicação: Ana Paula M. Magnus – CRB 10/2052

HENRY MINTZBERG, BRUCE AHLSTRAND E JOSEPH LAMPEL

MANAGEMENT NÃO É O QUE VOCÊ PENSA

Tradução:
André de Godoy Vieira

Consultoria, supervisão e revisão técnica desta edição:
Jonas Cardona Venturini
Mestre em Administração/UFSM
Professor da Faculdade Metodista de Santa Maria

2011

Obra originalmente publicada sob o título
Management? It's Not What You Think, 01 Edition.
ISBN 0-273-71967-X / 978-0-273-71967-0

Copyright © Henry Mintzberg, Bruce Ahlstrand and Joseph Lampel 2010.

Edição publicada conforme acordo com Pearson Education Limited.

Capa: *Paola Manica*

Leitura Final: *Susana de Azeredo*

Editora Sênior: *Arysinha Jacques Affonso*

Editoração eletrônica: *Techbooks*

Reservados todos os direitos de publicação, em língua portuguesa, à
ARTMED® EDITORA S.A.
(BOOKMAN® COMPANHIA EDITORA é uma divisão da ARTMED® EDITORA S. A.)
Av. Jerônimo de Ornelas, 670 – Santana
90040-340 – Porto Alegre – RS
Fone: (51) 3027-7000   Fax: (51) 3027-7070

É proibida a duplicação ou reprodução deste volume, no todo ou em parte, sob quaisquer formas ou por quaisquer meios (eletrônico, mecânico, gravação, fotocópia, distribuição na Web e outros), sem permissão expressa da Editora.

Unidade São Paulo
Av. Embaixador Macedo Soares, 10.735 – Pavilhão 5 – Cond. Espace Center
Vila Anastácio – 05095-035 – São Paulo – SP
Fone: (11) 3665-1100   Fax: (11) 3667-1333

SAC 0800 703-3444

IMPRESSO NO BRASIL
PRINTED IN BRAZIL

AGRADECIMENTOS DO EDITOR

Somos gratos às seguintes pessoas e entidades por nos permitirem a reprodução do material com copyright *que compõe este livro:*

Figuras

Figuras da página 44 reimpressas com permissão de Edward R. Tufte, *The Cognitive Style of PowerPoint* (Graphic Press, Cheshire, CT, 2003), conforme publicado na revista *Wired*, set. 2003.

Texto

Trecho da página 17 publicado em *The Practice of Management*, Drucker, P., 2a ed. revisada 2007 (publicado originalmente em 1954), *copyright* Elsevier 2007; trechos das páginas 6-7, 7-10, 12-5 extraídos de *Managing*, Financial Times/Prentice Hall (Mintzberg, H. 2009) © Henry Mintzberg 2009, com permissão de Henry Mintzberg Ltd; trecho das páginas 9-12 extraído de Decision Making: It's Not What You Think, *MIT Sloan Management Review*, primavera, pp. 89-93 (MIntzberg, H. e Westley, F. 2001), © 2010 Massachusetts Institute of Technology. Todos os direitos reservados. Distribuído por Tribune Media Services; trecho das páginas 18-21 extraído de Management and Magic, *California Management Review*, Vol. 27, No. 3, pp. 91-6 (Gimpl, M. L. e Dakin, S. R. 1984), *copyright* © 1984 Regents of the University of California. Reimpresso a partir de *California Management Review*, Vol. 27, No. 3. Com permissão de Regents; trecho das páginas 29-32 reimpresso com permissão de Edward R. Tufte, *The Cognitive Style of PowerPoint* (Graphic Press, Cheshire, CT, 2003), conforme publicado na revista *Wired*, set. 2003; trecho das páginas 32-3 adaptado com a permissão de The Free Press, uma divisão da Simon & Schuster, Inc., a partir de *The Rise and Fall of Strategic Planning*, de Henry Mintzberg. Copyright © 1994 Henry Mintzberg. Todos os direitos reservados e com permissão de Pearson Education Ltd; trecho das páginas 35-6 extraído de "WORDS" (coluna jornalística), *Saturday Magazi-*

ne, *The Toronto Star*, 25/02/1989, p. M2 (Gloin, L.), reimpresso com permissão – Torstar Syndication Services; epígrafe da página 37 retirada de *Dilbert and the Way of the Weasel*, de Scott Adams. *Copyright* © 2002 United Media, Inc. Reimpressa com permissão de HarperCollins Publishers e Knight Features Limited; trecho das páginas 41-4 extraído de Whole Foods CEO John Mackey talks with Kai Ryssdal, transcrito de "Conversations from the Corner Office: John Mackey' from American Public Media's Marketplace®, © (p) 2007 American Public Media. Reproduzido com permissão. Todos os direitos reservados; trechos das páginas 46-7, 87-90 retirados de *Managers not MBAs*, Financial Times/Prentice Hall (MIntzberg, H. 2004), Pearson Education Ltd. e com permissão de Henry Mintzberg Ltd.; trecho das páginas 47-8 de A descent in the dark, de R. R. Reno, reimpresso a partir de *Commentary*, nov. 2008, com permissão; *copyright* © 2008 Commentary, Inc.; trecho das páginas 48-51 reimpresso com permissão de *Harvard Business Review*, a partir de Enough Leadership, de Henry Mintzberg, nov. 2004. *Copyright* © 2004 Harvard Business School Publishing Corporation. Todos os direitos reservados; trecho das páginas 55-8 reimpresso com permissão de *Harvard Business Review*, a partir de Spotting Management Fads, de Danny Miller e Jon Hartwick, 1º out. 2002. *Copyright* © 2002 Harvard Business School Publishing Corporation. Todos os direitos reservados; trecho das páginas 58-65 reimpresso com permissão de Harvard Business Review. Adaptado de Musings on Management, de Henry Mintzberg, jul./ago. 1996. *Copyright* © 1996 Harvard Business School Publishing Corporation. Todos os direitos reservados; quadro das páginas 65-7 adaptado com permissão de The Free Press, uma divisão da Simon & Schuster, Inc., a partir de *The Rise and the Fall of Strategic Planning*, de Henry Mintzberg. *Copyright* © 1994 Henry Mintzberg. Todos os direitos reservados e com permissão de Pearson Education Ltd.; trecho das páginas 67-9 adaptado com permissão de The Free Press, uma divisão de Simon & Schuster, Inc., a partir de *Forecasting, Planning and Strategy in the 21st Century*, de Spyros G. Makridakis. *Copyright* © 1990 Spyros G. Makridakis. Todos os direitos reservados; trecho da página 70 © Ashleigh Brilliant. *www.ashleighbrilliant.com* ; trecho das páginas 75-7 retirado de *Parkinson's Law: The Pursuit of Progress*, de C. Northcote Parkinson, reproduzido com permissão de John Murray (Publishers) Limited; trecho das páginas 77-81 extraído de Maxims in Need of a Makeover, de Justin Ewers [Money/Business], 19 mar. 2006, http://www.usnews.com/ , *Copyright* 2006 U. S. News & World Report, L. P. Reimpresso com permissão; epígrafe da página 83 retirada de Shepheard, Paul, *What is Architecture? An Essay on Landscapes, Buildings, and Machines*, página 145, © 1994 Massachusetts Institute of Technology, com permissão de The MIT Press; trecho das páginas 91-4 retirado de If his fellow Harvard MBAs are so clever, how come so many are now in disgrace?, *The Sunday Times*, 01/03/2009 (Philip Devies Broughton), © The Times, 1 mar. 2009/nisyndication.com; trecho da página 103 adaptado por Jim Clemmer a partir de seu livro *Pathways to Performance* e publicado no *site* www. JimClemmer.com; trecho da página 100 retirado de When it comes to real change, too much objectivity may be fatal to the process, *Strategy and Leadership*, Vol. 25, Issue 2, mar./abr., pp. 6-12 (Hurst, D. K. 1997), © Emerald Group Publishing Limited. Todos os direitos reservados; trecho das páginas 101-04 extraído de Perspectives on Strategy: The Real Story Behind Honda's Success, *California Management Review*, Vol. 27, No. 1 (Pascale, R. 1996), *Copyright* © 1984 Regents of the University of California. Reimpresso a partir de *California Management Review*, Vol. 26, No. 1. Com permissão de The Regents; trecho das páginas 105-07 retirado de Jonathan Gosling 2008, University of Exceter, UK © Jonathan Gosling 2008; trecho das páginas 107-10 reimpresso com permissão de *Harvard Business Review*. Adaptado de Crafting Strategy, de Henry Mintzberg, set./out. 1987. *Copyright* © 1987 Harvard Business School Publishing Corporation. Todos os direitos reservados; trecho da página 113 retirado de *The Soul and the Body of an Army*, E. Arnold & Co. (Hamilton, I. 1921), pp. 235-36, © com gentil permissão dos depositários do espólio de *sir* Ian Hamilton; trecho das páginas 115-18 retirado de Here's an Idea: Let Everyone Have Ideas, de William C. Taylor, publicado em *The New York Times*, © 26 mar. 2006 The New York Times. Todos os direitos reservados. Usado com permissão e protegido pelas Leis de Direitos Autorais dos Estados Unidos. A impressão, reprodução e redistribuição ou retransmissão do Material sem permissão expressa por escrito é proibida; trecho das páginas 118-21 extraído de Managing Quietly, *Leader to Leader*, primavera, pp. 24-30 (Mintzberg, H. 1999), *Copyright* © 1999 Leader to Leader Institute. Reproduzido com permissão de John Wiley & Sons, Inc.; trecho das páginas 122-26 reimpresso com permissão de *Harvard Business Review*, a partir de Managing Without Managers, de R. Semler, set./out. 1989. *Copyright* © 1989 Harvard Business School Publishing Corporation. Todos os direitos reservados.

The Financial Times

Trecho das páginas 25-7 retirado de Accenture finds its next champion of waffle words, de Lucy Kellaway, FT Business Life, 28 jan. 2008; trecho das páginas 44-6 extraído de Star CEO does not make company, *Financial Times*, 14/02/2005 (Kay, J.); trecho das páginas 81-3 retirado de Why most managers are plagiarists, *Financial Times*, 07/05/2006 (Kellaway, L.).

Em alguns casos não nos foi possível localizar os detentores do material protegido por direito autoral e agradeceríamos qualquer informação que nos permita fazê-lo.

SUMÁRIO

INTRODUÇÃO
GESTÃO? PENSE DE NOVO 13

CAPÍTULO 1
MOSAICO DA GESTÃO 15

O gestor como regente de orquestra
Por Peter Drucker, Sune Carlson e Leonard Sayles 17
Gestão: cuidado com o que você pensa *Por Henry Mintzberg* 18
O que a gestão diz e o que os gestores fazem *Por Albert Shapero* 28
Gestão e magia *Por Martin I. Gimpl e Stephen R. Dakin* 31

CAPÍTULO 2
GESTÃO DO SIGNIFICADO 35

Problemas, problemas, problemas *Por Raymond Smullyan* 37
O próximo campeão dos lugares-comuns da Accenture *Por Lucy Kellaway* 37
Pérolas da gestão 40
Assunto: novo elemento da tabela periódica 42
Powerpoint é o mal *Por Edward Tufte* 42

O planejamento como um exercício de relações públicas
Por Henry Mintzberg — 45

O oposto de uma verdade profunda é também uma verdade
Por Richard Farson — 47

O gerador sistemático de jargões *Por Lew Gloin* — 49

CAPÍTULO 3
GESTÃO ENGANOSA — 51

Não há líderes, apenas liderança *Por Richard Farson* — 53

Conversas de canto no escritório *John Mackey conversa com Kai Ryssdal* — 55

Uma celebridade executiva não faz uma empresa *Por John Kai* — 59

Regras para ser um líder heroico *Por Henry Mintzberg* — 61

Um mergulho nas trevas *Por R. R. Reno* — 62

Liderança e senso comunitário *Por Henry Mintzberg* — 63

CAPÍTULO 4
MITOS DA GESTÃO — 67

Terceirizando os terceirizadores — 69

Identificando modismos gerenciais *Por Danny Miller e Jon Hartwick* — 69

Reflexões sobre gestão *Por Henry Mintzberg* — 72

Errar é humano *Por Spyros G. Makridakis* — 82

CEOs: certos jogadores *Por Henry Mintzberg* — 84

CAPÍTULO 5
MÁXIMAS DA GESTÃO — 87

Leis e regras: de *A* a *Z* — 89

Lei de Parkinson *Por Cyrill Northcote Parkinson* — 91

Máximas que precisam de remodelação *Por Justin Ewers* — 93

Por que a maioria dos gestores são plagiários *Por Lucy Kellaway* — 98

CAPÍTULO 6
MESTRES EM GESTÃO? 101

MBA? Não, obrigado! *Por Henry Mintzberg* 103
Os mestres do apocalipse de Harvard *Por Philip Delves Broughton* 107
Os jogos praticados pelas escolas de administração
Por Andrew J. Policano 111

CAPÍTULO 7
GESTÃO EM METAMORFOSE 113

"Gestão da mudança" é um oximoro *Por Jim Clemmer* 115
Os altos gestores não são cozinheiros, são ingredientes
Por David K. Hurst 116
Seguindo nos trilhos 116
Apostando numa estratégia brilhante *Por Richard Pascale* 117
Uma parábola moderna 121
Enfraquecer nosso mundo *wiki*, cosmopolita, ferido?
Por Jonathan Gosling 122
A estratégia artesanal *Por Henry Mintzberg* 125

CAPÍTULO 8
GERENCIANDO MODESTAMENTE 129

Deus do céu, o que faço agora? *Por Ian Hamilton* 131
Uma carta ao conselho há muito esperada *Por Henry Mintzberg* 132
Eis uma ideia: deixar que todos tenham ideias *Por William C. Taylor* 134
Gerenciando modestamente *Por Henry Mintzberg* 137
Gerenciando sem gestores *Por Ricardo Semler* 141

INTRODUÇÃO
GESTÃO?
PENSE DE NOVO

Gestão: será o que você pensa? Será que consiste apenas em pensar?
    Frederick Taylor nos deu estudos sobre o tempo um século atrás; o planejamento estratégico surgiu meio século depois. Ambos nos deixaram com a impressão de que gerenciar resume-se a pensar – pensar sistematicamente. Bem, então pense de novo – sobre a arte e o ofício da gestão: o ver, o sentir, o agir, para além do pensar, do analisar, do planejar.
    Essa é a intenção deste livro: levar-nos a repensar nossos conceitos, oferecendo aos próprios gestores, àqueles que trabalham com gestores, e a todos que almejam chegar à posição de gestores, perspectivas novas sobre esse fascinante negócio que é a gestão.
    Para tanto, lançamos mão de uma série de recortes incisivos e instigantes. Alguns deles farão você rir, outros talvez o façam chorar (pela pobre e velha gestão...). Outros tantos lhe parecerão excêntricos, irrelevantes, irreverentes – mas tudo bem: o objetivo deles é mesmo inquietá-lo, às vezes até irritá-lo, para que o irrelevante se torne relevante e o irreverente possa, quem sabe, ser reverenciado. Gostaríamos de ajudá-lo a ver, sentir e fazer gestão como nunca antes.
    Além de artigos retirados de jornais e trechos de livros e revistas, você encontrará, ao longo destas páginas, citações e poemas, acessos de raiva, cartas e material da Web. Incluímos tudo o que encontramos de interessante, provocativo e, acima de tudo, penetrante.
    Por conveniência e coerência, reunimos todo esse material em capítulos. A disposição é pouco lógica, mas você não precisa levá-la muito a sério. Leia os capítulos como quiser, pule partes (como fazem muitos gestores...) e ignore o que considerar irrelevante (como não fazem os gestores de sucesso).
    O primeiro capítulo, um "mosaico da gestão", tem por objetivo desengessar sua concepção do que é gestão e do que fazem os gestores – especialmente se você é um gerente. Em seguida, no Capítulo 2, refletimos sobre a "gestão do significado" – sobre o uso e o mau uso das palavras para representar a prática de gestão.

Passamos, então, ao tema da liderança. Hoje em dia, como poderia um livro sobre gestão não falar sobre liderança? Mas atenção: este capítulo intitula-se "Gestão enganoso". E talvez você descubra que a liderança também não é o que você pensa.

Mitos abundam no universo da gestão, e o Capítulo 4 mergulha fundo neles – modismos, clichês, metáforas e muito mais. Máximas também são pródigas nesse universo. O Capítulo 5 mostra muitas delas e também o que têm de errado – incluindo algumas máximas sobre essas máximas.

Atualmente, para onde quer que olhe, provavelmente você verá um MBA (talvez só precise olhar em um espelho...). O Capítulo 6 examina esses mestres em administração. Caso seja sua a imagem no espelho, trate de cobrir os olhos!

Vivemos tempos de grandes mudanças. Você já ouviu isso antes, não? Não como no Capítulo 7. Intitulado "Gestão em Metamorfose", ele poderá simplesmente mudar sua maneira de pensar as mudanças.

Para encerrar o livro procurando mostrar como levar tudo isso adiante positivamente, o Capítulo 8 sugere várias maneiras de gerenciar com modéstia. Está na hora de pensar sobre como fazer avançar a gestão para muito além do pensamento.

Este é o curso de física avançada. Isso significa que o instrutor acha a matéria confusa. Se não achasse, o curso teria o nome de física elementar.
Luis Alvarez, Prêmio Nobel

CAPÍTULO 1
MOSAICO DA GESTÃO

Se você fizer o que sempre fez, conseguirá o que sempre conseguiu. (Anônimo)

É hora de desengessarmos nossas concepções: desconstruir o que "sabemos" sobre gerenciar. Para isso, nada melhor do que começarmos com um mosaico de irreverentes conceitos sobre gestão.

O primeiro desses conceitos é o do gestor como regente de orquestra. Todos conhecemos essa metáfora. Peter Drucker pronuncia as palavras iniciais, e Sune Carlson e Leonard Sayles as complementam com algumas outras. Gestão? Melhor pensar de novo.

A seguir, apresentamos uma reunião de itens concisos, a maior parte deles elaborada pelo coautor Henry Mintzberg. O primeiro desses itens é uma lista de palavras que têm sido utilizadas pelos gestores ao longo dos tempos, a maioria delas ainda hoje. Gestores? São todas as pessoas que você pode imaginar. Segue-se, então, uma lista das qualidades necessárias a um gestor de sucesso. Você verá que mesmo o Super-Homem estaria em déficit. Gestão? É tudo o que você pode imaginar. A discussão volta-se, então, para "o gestor inevitavelmente imperfeito". A seguir, passamos à tomada de decisão, descobrindo que ela não é apenas o que pensamos: é também o que vemos e o que fazemos. Por fim, apresentamos uma discussão retirada do novo livro de Henry sobre a dinâmica de gerenciar. Em um trabalho como esse, como é possível alguém pensar?

Caso você tenha perdido o ponto, segue-se uma peça clássica de Albert Shapero, que contrasta a imagem da GESTÃO contemporânea (seus capitais) – burocrática, competitiva, impessoal – com a gestão em sintonia com a "desordem natural da vida".

E, como se não bastassem todos esses problemas, encerramos com um artigo de Grimpl e Dakin intitulado "Gestão e Magia". Nele os autores apresentam alguns pensamentos surpreendentes sobre esse trabalho supostamente racional: relacionam o planejamento a um comportamento supersticioso, as previsões à magia e o controle à ilusão de controle. Preste especial atenção à citação que fecha este capítulo.

O GESTOR COMO REGENTE DE ORQUESTRA
POR PETER DRUCKER, SUNE CARLSON E LEONARD SAYLES

Uma analogia [com o gestor] é a do regente de orquestra sinfônica, graças a cujo esforço, visão e liderança as partes instrumentais, barulhentas por si mesmas, convertem-se no todo vívido da música. Mas um maestro tem à sua frente a partitura do compositor: ele é apenas um intérprete. O gestor é tanto compositor quanto maestro.

PETER DRUCKER, THE PRACTICE OF MANAGEMENT, HARPER & ROW PUBLISHERS, 1954, PP. 341-42.

Antes de realizarmos o estudo, sempre pensei no diretor-executivo como o regente de uma orquestra, isolado em sua plataforma. Agora, sob certo aspecto, tendo a vê-lo como o títere de um espetáculo de marionetes em que centenas de pessoas manipulam seus cordéis, obrigando-o a agir dessa ou daquela maneira.

SUNE CARLSON, EXECUTIVE BEHAVIOUR, STROMBERG, 1951, P. 52.

O gestor é como um regente de orquestra sinfônica, empenhado em manter uma execução melodiosa na qual as contribuições dos vários instrumentos sejam coordenadas e sequenciais, padronizadas e compassadas, enquanto os membros da orquestra enfrentam diversas dificuldades pessoais, os auxiliares de palco substituem partituras, a alternância entre calor e frio excessivos gera problemas para a audiência e os instrumentos, e o patrocinador do concerto insiste em mudanças irracionais no programa.

LEONARD SAYLES, ADMINISTRATION IN COMPLEX ORGANIZATIONS, MCGRAW-HILL, 1964, P. 6.

GESTÃO: CUIDADO COM O QUE VOCÊ PENSA
POR HENRY MINTZBERG

Gestores: São todas as pessoas que você pode imaginar

Presidente
Primeiro-ministro
Gerente intermediário
Administrador
Servidor público
Contramestre
Coordenador
Patrão
Controlador
Regente
Superior
Chefe
"Responsável"
Potentado
Lorde
Faraó
César
Imperador
Rei
Xógum
Czar
Marajá
Diretora de escola
"Cabeça"
Xeque
Sultão
Führer
Vice-rei
Superintendente
Diretor
Executivo
Ditador
Oligarca
CEO
COO
CFO
CLO

Fonte: Adaptado de Henry Mintzberg, *Managing*, FT/Prentice Hall, 2009.

Gestão: É tudo o que você pensa

Listas das qualidades de gestores e líderes efetivos existem à farta. Na maioria das vezes são concisas – afinal, quem levaria a sério dezenas e mais dezenas de itens? Por exemplo, em uma brochura para a promoção de um programa de mestrado em administração de empresas (EMBA) intitulada "O que constitui um líder?", a University of Toronto Business School responde: "A coragem de desafiar o *status quo*; prosperar em um ambiente exigente; colaborar para o bem maior; estabelecer uma direção clara em um mundo em rápida e constante transformação; não ter medo de ser decisivo" (Rotman School, *circa* 2005).

O problema dessas listas é sua falta de consistência; de fato, elas contêm todos os tipos de características diferentes que se pode imaginar. Tomemos como exemplo a lista supracitada: onde encontramos a qualidade da inteligência inata, de ser um bom ouvinte, ou mesmo o simples atributo do sujeito que é dotado de energia? Certamente, esses também são elementos importantes. Ok, eles aparecem em outras listas. Mas isso significa que, se quisermos descobrir o que torna um gestor realmente eficiente, teremos de combiná-las todas.

Foi o que fiz na Tabela 1 – em nome de um mundo melhor. Nela são listadas as qualidades citadas nas várias listas que pude encontrar, acrescidas de algumas outras que tenho como favoritas e que estavam ausentes dessas listas. São 52 os itens constantes na Tabela. Seja cada um deles e você estará preparado para ser um gestor efetivo. Ainda que não humano.

Se você quer descobrir os defeitos de uma pessoa, case-se com ela ou trabalhe para ela

O gestor inevitavelmente imperfeito

Tudo isso faz parte de nosso "romance da liderança" (Meindl *et al.*, 1985), que por um lado eleva simples mortais ao alto de pedestais administrativos ("Rudolph é o gestor perfeito para esse trabalho – ele nos salvará") e, por outro, nos permite vilipendiá-los em sua queda ("Como Rudolph pôde nos desapontar dessa forma"). No entanto, há gestores que conseguem manter-se de pé, ainda que não nesse tolo pedestal. Como?

A resposta é simples: eles têm falhas – todos temos falhas –, mas suas falhas particulares não são fatais, ao menos sob certas circunstâncias. (O Super-Homem, se formos pensar, também não era perfeito – lembra da Kryptonita?)

Se você estiver interessado em descobrir os defeitos de uma pessoa, experimente casar-se com ela ou trabalhar para ela: seus defeitos logo se farão visíveis. Mas não só eles – algo mais também ficará claro (ao menos se você for um ser humano maduro que fez uma escolha razoavelmente boa): é possível conviver

TABELA 1 — Lista combinada de qualidades básicas para uma eficiência gerencial garantida

corajoso	enérgico/entusiasta
comprometido	alto-astral/otimista
curioso	ambicioso
confiante	tenaz/persistente
sincero	zeloso
	colaborativo/participativo/cooperativo
	atrativo
reflexivo	apoiador/simpático/empático
criterioso	estável
aberto/tolerante (em relação a pessoas, ambiguidades e ideias)	confiável
	justo
inovador	responsável
comunicativo (incluindo a qualidade do bom ouvinte)	ético/honesto
conectado/informado	consistente
perceptivo	flexível
	equilibrado
	integrativo
pensativo/inteligente/sábio	
analítico/objetivo	
pragmático	
decisivo (voltado para a ação)	
proativo	
carismático	
apaixonado	
inspirador	
visionário	alto*

Compilada de várias fontes; minhas qualidades favoritas estão em itálico.
* Esse termo não aparece em nenhuma das listas que examinei. Contudo, poderia constar à frente de muitos outros itens, uma vez que estudos comprovaram que os gestores são em média mais altos que as outras pessoas. Citando um estudo de 1920 intitulado *The Executive and his Control of Men*, baseado numa pesquisa muito mais minuciosa do que grande parte das que encontramos nos principais jornais de hoje, Enoch Burton Gowin debruçou-se sobre a seguinte questão: "Visto como uma máquina química, o corpo de maior dimensão é capaz de fornecer maior quantidade de energia?" Mais especificamente, haveria "algum tipo de relação entre a compleição de um executivo, medida por sua estatura e peso, e a importância da posição que ocupa?" (1920: 22,31). A resposta, segundo as várias estatísticas reunidas pelo autor, é sim. Os bispos, por exemplo, eram de estatura consideravelmente superior à dos padres das pequenas cidades; os superintendentes dos sistemas escolares eram mais altos que os diretores das escolas. Outros dados sobre executivos de ferrovias, governadores, etc. apoiam essas descobertas. Os "Superintendentes de Limpeza das Ruas" ocupavam, na verdade, a segunda posição entre os mais altos, depois dos "Reformadores". (Os "Organizadores Sociais" vinham logo atrás dos "chefes de polícia".) Os músicos eram os últimos da lista (p. 25).

com esses defeitos. Triunfam os gestores e os casamentos. E o mundo, em consequência, continua a desdobrar-se à sua maneira inimitavelmente imperfeita.[1]

Isso, evidentemente, significa que todas aquelas listas sobre-humanas de qualidades de liderança também têm suas falhas, já que muitas pessoas alcançaram o sucesso mesmo carecendo de algumas delas. Mas, mais do que falhas, essas listas geralmente são incorretas. Por exemplo, diz-se que os líderes devem ser decisivos e decentes. Quem poderia argumentar o contrário? Para começar, qualquer pessoa que tenha trabalhado para um líder indecente o qual obteve resultados. E o que dizer dos norte-americanos, cujo presidente aprendeu a importância de ser decisivo em uma aula de estudo de caso em Harvard e, certamente, foi decisivo em sua decisão de declarar guerra ao Iraque? A lista da University of Toronto define tal qualidade como "não ter medo de ser decisivo". Certamente ele não o teve.

Seguindo com alguns outros itens da lista da University of Toronto, vemos que o arqui-inimigo desse presidente no Afeganistão certamente "teve a coragem de desafiar o *status quo*", enquanto Ingvar Kamprad, que transformou a IKEA numa das mais bem-sucedidas cadeias de varejo já vistas, levou, ao que consta, quinze anos para "estabelecer uma direção clara [para seu negócio] em um mundo em rápida e constante transformação". Na verdade, ele alcançou o sucesso porque o mundo mobiliário não estava mudando: *ele* o mudou.

Referência

Meindl, J. R., Ehrlich, S. B. e Dukerich, J. M. (1985) "The romance of leadership", *Administrative Sciences Quarterly*, 30, 78-102.

Notas

1 Nem sempre. Ao que parece, os políticos tornaram-se particularmente competentes em ocultar suas falhas até que se tornem fatais. Por exemplo, o objeto dos debates políticos na televisão tem sido demonstrar que nosso oponente possui defeitos e nós, não (ao menos não os revelamos até sermos eleitos). A suposição aqui é que o candidato imperfeito deverá perder a eleição. Talvez essa farsa teatral seja um dos motivos pelos quais as pessoas, atualmente, estão tão fartas das lideranças políticas.

Fonte: Extraído de Henry Mintzberg, *Managing*, FT/Prentice Hall, 2009.

Tomada de Decisão: Não é o que Você Pensa
com Frances Westley

Como devemos tomar decisões? Fácil, descobrimos isso há muito tempo. Primeiro, defina o problema; em seguida, diagnostique suas causas; depois, projete possíveis soluções; e, por fim, decida qual delas é a melhor. E, claro, implemente sua escolha.

Mas será que as pessoas sempre tomam suas decisões dessa maneira? Sugerimos complementar esse modelo racional – que denominamos "primeiro pense" – com outros dois, bastante diferentes: "primeiro veja" e "primeiro faça".

Vejamos como foi tomada uma decisão real – nesse caso, uma decisão pessoal. A história começa com o telefonema de uma tia.

"Oi, querido. Quero comprar um presente para a inauguração de seu novo lar. Qual o esquema de cores do apartamento?

"Esquema de cores? Betty, você só pode estar brincando. Vou perguntar a Lisa. Lisa, Betty quer saber qual o esquema de cores do apartamento."

"Preto", responde a filha Lisa.

"Preto? Lisa, não esqueça que vou morar lá!"

"Preto", repete a filha.

Dias depois, pai e filha se veem numa loja de móveis. Experimentam cada mesa, cada cadeira: nada funciona. Entra em cena a letargia do comprador. Lisa descobre, então, um tamborete preto: "Ele não faria um belo contraste com o balcão branco?" E ambos deixam a loja. Em menos de uma hora, eles escolheram de tudo – em preto, branco e prata.

O que há de extraordinário nessa história comum é que nossas teorias convencionais de tomada de decisão não podem explicá-la. Nem sequer está claro qual foi a decisão final tomada: comprar o tamborete; seguir mobiliando o apartamento; decorá-lo em preto e branco; criar um novo estilo? Uma tomada de decisão pode ser um tanto misteriosa.

Os limites do modelo "primeiro pense"

O modelo racional de tomada de decisões segue um processo claramente identificado: definir → diagnosticar → projetar → decidir. No entanto, a abordagem racional revela-se incomum.

Anos atrás, um de nós estudava uma série de decisões, delineando os passos a serem tomados e esquematizando-os. O processo de decisão para a construção de uma nova fábrica era típico: seguidamente voltava à estaca zero, interrompido por novos eventos, desviado por oportunidades variadas e assim por diante, dando voltas e mais voltas até que, enfim, surgisse uma solução. A ação final era tão clara quanto uma onda que quebra na costa, mas explicar como se havia chegado a ela era tão difícil quanto localizar a origem dessa onda oceano adentro.

Muitas vezes, as decisões não surgem tanto quanto *irrompem*. Eis como Alexander Kotov, o mestre do xadrez, descreve a súbita iluminação que teve após uma lenta e minuciosa análise:

"Então, não devo mover o cavalo. Quem sabe não tento o movimento da torre mais uma vez... Nessa altura, você espia o relógio. 'Meu Deus! Lá se foram trinta minutos e eu ainda aqui pensando se movo o cavalo ou a torre... Se a coisa seguir nesse ritmo, aí realmente vou ter problemas com o tempo.' Mas eis que, então, você é surpreendido por aquela feliz ideia – por que mover o cavalo ou a torre? Por que não tentar B1CD (bispo 1 cavalo da dama)? E sem mais dificuldades, sem qualquer análise, você move o bispo. Simples assim."

No fim das contas, talvez a tomada de decisão signifique períodos de trevas, de incertezas, seguidos por súbitas e perspicazes iluminações que levam à concretização. Ou talvez seja uma forma de "anarquia organizada", como escreveram o professor James March e colegas seus de Stanford. Eles caracterizam a tomada de decisões como "conjuntos de escolhas à procura de problemas, questões e sensações à procura de situações de decisão nas quais possam ser expressas, soluções à procura de problemas para os quais possam ser uma resposta e tomadores de decisão à procura de trabalho".

Apesar de confusas, as decisões da vida real fazem mais sentido do que pensamos

Mas será que a confusão está no processo, conforme descrito por esses autores, ou estará nos observadores? Apesar de confusas, as decisões que tomamos na vida real fazem muito mais sentido do que pensamos, exatamente porque grande parte delas transpõe o limiar de nossa consciência.

O modelo "primeiro veja"

O *insight* – o "ver dentro, internamente" (*seeing into*) – sugere que as decisões, ou ao menos as ações, podem ser motivadas tanto pelo que vemos quanto pelo que pensamos. Dizia Mozart que a melhor parte de compor uma sinfonia era a capacidade de "ver a obra acabada em um simples relance em minha mente". Logo, o entendimento, a compreensão, pode ser tanto visual quanto conceitual.

Na célebre experiência de W. Koehler, realizada na década de 1920, um macaco se esforçava para alcançar uma banana colocada no alto de sua jaula. De repente, ele *vê* uma caixa no canto – não apenas a percebe, mas compreende o que poderia fazer com ela –, e seu problema está resolvido. Da mesma forma, depois que Alexander Fleming pôde realmente *ver* o fungo que havia matado a bactéria de algumas das amostras de sua pesquisa (em outras palavras, quando percebeu como aquele fungo poderia ser utilizado), ele e seus colegas nos deram a penicilina. O mesmo se aplica à visão estratégica. Ter visão exige coragem de ver o que outros não veem – e isso significa ter tanto a confiança quanto a experiência necessárias para reconhecer o valor de um *insight* repentino.

Uma teoria da psicologia da *Gestalt*, desenvolvida por G. Wallas nos anos 1920, identifica quatro passos na descoberta criativa: preparação → incubação → iluminação → verificação.

A preparação deve vir primeiro. Como observou Louis Pasteur, "A sorte só favorece a mente preparada". O conhecimento profundo, normalmente desenvolvido ao longo dos anos, é seguido pela fase de incubação, durante a qual a mente inconsciente digere o assunto. Então, com sorte (como aconteceu com Arquimedes na banheira), ocorre aquele lampejo de iluminação. O momento "eureca!" geralmente sobrevém após uma noite de sono – pois, quando dormimos, o pensamento racional é desligado, e o inconsciente adquire maior liberdade. Posteriormente, a mente inconsciente retorna para a construção do argumento lógico: é o estágio da verificação (pensar em tudo de forma linear, para fins de elaboração e demonstração). Mas isso leva tempo. Conta-se que um matemático

Características das três abordagens para tomar decisões

"Pensar Primeiro" privilegia	"Ver primeiro" privilegia	"Fazer primeiro" privilegia
Ciência	Arte	Prática
Planejamento/Programação	Visão/Imaginação	Aventura/Aprendizado
Verbal	Visual	Visceralidade
Fatos	Ideias	Experiências

certa vez resolveu uma fórmula enquanto dormia. Retendo-a na memória visual, ele não teve pressa em anotá-la. Quando decidiu fazê-lo, levou quatro meses!

Grandes *insights* podem ser raros, mas qual indústria não deve suas origens a um ou mais deles? Além disso, pequenos *insights* nos ocorrem o tempo todo. Ninguém deve aceitar uma teoria ou tomada de decisão que os ignore.

O modelo "primeiro faça"

Mas e se você não consegue ver nem imaginar a situação? Simples: faça. É assim que procedem as pessoas pragmáticas quando estão "bloqueadas": elas seguem em frente, acreditando que, se fizerem "alguma coisa", o pensamento necessário logo virá. Isso é experimentação – tentar alguma coisa que nos possibilite aprender.

Uma teoria sobre o modelo "primeiro pense", popularizada por Karl Weick, consiste mais ou menos na seguinte fórmula: execução → seleção → retenção.

Isso significa fazer várias coisas, descobrir quais delas funcionam, entender por que, repetir os comportamentos exitosos e descartar o resto. As pessoas bem-sucedidas sabem que, quando estão "bloqueadas", devem experimentar. O pensamento pode conduzir à ação, mas ação certamente induz ao pensamento. Não só pensamos para agir, como também agimos para pensar.

Aponte-nos qualquer empresa que tenha se diversificado exitosamente e nós lhe mostraremos uma empresa que aprendeu fazendo, cuja estratégia de diversificação foi concebida graças à experiência. No início, talvez essa empresa tenha traçado uma estratégia minuciosa baseada na avaliação de seus pontos fortes e fracos (ou de suas "competências básicas", se depois de 1990), a qual muito provavelmente deu errado – afinal, como se poderia distinguir um ponto forte de um fraco quando se está entrando numa nova esfera de atuação? Não há escolha a não ser experimentar, tentar fazer as coisas; isso permitirá identificar as competências que realmente interessam. Agir é importante aqui; se você insistir em "pensar primeiro" e, digamos, elaborar um planejamento estratégico formal, pode acabar desestimulando o aprendizado...

Como foi que você escolheu seu companheiro ou companheira? Pensou primeiro? Especificou todos os critérios, depois listou as alternativas disponíveis e, por fim, escolheu uma delas? Ou foi amor à primeira vista? Talvez você tenha agido primeiro... Bem, vamos deixar que você reflita sobre isso e suas consequências.

Fonte: MIT Sloan Management Review, Spring 2001. © 2010 by Massachusetts Institute of Technology. Todos os direitos reservados. Distribuído por Tribune Media Services.

Gestão: como você pode pensar?

Dê uma olhada nas imagens populares que retratam a gestão – o maestro na plataforma, todos aqueles executivos sentados em suas mesas nas charges da *New Yorker* – e você terá uma determinada ideia do trabalho: bem ordenado, cuidadosamente controlado. No entanto, se observar alguns gestores em ação, provavelmente encontrará um quadro bastante diferente: um ritmo febril, interrupções sucessivas, mais reação do que iniciativa. Comparemos então o que é folclore e o que é fato.

Folclore: O gestor é um planejador reflexivo e sistemático. É bastante comum a imagem do gestor – especialmente quando de nível sênior – sentado à sua mesa, absorto em grandes pensamentos, tomando decisões grandiosas e, acima de tudo, planejando sistematicamente o futuro. Há muitas evidências a esse respeito, mas nada nelas que confirme essa imagem.

Fatos: Sucessivos estudos têm mostrado que (a) os gestores trabalham em um ritmo implacável; (b) suas atividades são caracterizadas pela brevidade, variedade, fragmentação e interrupção; e (c) eles são fortemente voltados à ação.

(a) O Ritmo. Têm sido consistentes os relatos sobre o ritmo febril da atividade gerencial, dos contramestres aos diretores-executivos. De acordo com um CEO, gerenciar é ter de lidar com "uma encrenca atrás da outra". Com efeito, a gestão é um trabalho interminável, marcado pela perpétua preocupação: o gestor jamais está livre para relaxar e esquecer o trabalho, para se permitir o prazer de acreditar, mesmo por uns instantes, que não há mais trabalho para fazer.

(b) A Brevidade, variedade, fragmentação e interrupção. Boa parte do trabalho na sociedade envolve especialização e concentração. Os engenheiros e programadores podem passar meses projetando uma máquina ou desenvolvendo um *software*. Os gestores, por sua vez, não podem esperar tamanha concentração de esforços; seu trabalho é fragmentado e repleto de interrupções. Por quê? Porque eles não desejam conter o fluxo de informações correntes e também porque desenvolvem um sensível apreço pelo *custo de oportunidade* de seu próprio tempo: não importa o que estejam fazendo, são sempre atormentados pelo que poderiam fazer e pelo que *precisam* fazer.

(c) A Ação. Gestores gostam de ação – atividades que mudem, fluam, sejam tangíveis, correntes, não rotineiras. Não espere encontrar nesse trabalho muito planejamento geral ou viagens ilimitadas; procure, em vez disso, um mergulho tangível em aspectos específicos. Quer dizer, então, que os gestores não planejam? Claro que planejam – todos nós planejamos. Mas o verdadeiro planejamento da organização, ao menos em um sentido estratégico, realiza-se efetivamente nas mentes de seus gestores e implicitamente no contexto de suas ações cotidianas, não em algum processo abstrato reservado para um retiro na montanha ou em uma penca de formulários a preencher.

Folclore: O gestor depende de informações agregadas, fornecidas com maior eficiência por um sistema formal. Em conformidade com a imagem clássica do gestor empoleirado numa espécie de pedestal hierárquico, os gestores devem receber suas importantes informações de algum Sistema de Informações Gerenciais abrangente e formalizado. Mas isso jamais foi comprovado, nem antes nem depois do advento dos computadores – sequer nestes tempos de Internet.

Fato: Os gestores tendem a privilegiar meios de comunicação informais – especialmente os orais, como os telefonemas e as reuniões, e os eletrônicos, como o *e-mail*. Estudos revelam que gerenciar é uma atividade 60 a 90% oral. O gestor não abandona o telefone, a reunião nem o *e-mail* para voltar ao trabalho: esses contatos *são* o trabalho. Segundo Jeanne Liedtka, da Darden School of Business, "A conversação é a tecnologia da liderança". Com efeito, a fofoca, o "ouvir dizer" e a especulação compõem boa parte da dieta de informações do gestor. Por quê? Porque a fofoca de hoje pode converter-se no fato de amanhã. Mas aí poderá ser tarde demais: o gestor precisa saber antes, não depois.

Informações formais são sólidas, definitivas – no limite, consistem de números concretos e relatórios claros. No entanto, as informações informais podem ser muito mais ricas, ainda que menos confiáveis. O telefone nos dá a possibilidade de interpretar um tom de voz, a oportunidade de interagir; nas reuniões temos as expressões faciais, os gestos e outros sinais da linguagem corporal. Como consequência de tudo isso, os bancos de dados estratégicos das organizações permanecem na mente de seus gestores no mínimo tanto tempo quanto nos arquivos dos computadores.

Folclore: A gestão consiste predominantemente de relações hierárquicas entre um "superior" e seus "subordinados". O uso que fazemos desses rótulos terríveis deve estar nos dizendo algo.

Fato: A gestão consiste, na mesma medida, de relações laterais entre colegas e parceiros. Estudos sucessivos têm mostrado que os gestores, em todos os níveis, passam boa parte de seu tempo – metade dele e às vezes mais – interagindo com uma variedade de pessoas de fora de suas unidades: clientes, fornecedores, parceiros, autoridades governamentais e comerciais, outros *stakeholders*, bem como com colegas da organização. Poderíamos, assim, comparar a posição ocupada pelo gestor ao gargalo de uma ampulheta, disposto entre uma rede de contatos externos e a unidade interna sob sua administração.

Folclore: Os gestores mantêm um controle rígido – sobre seu tempo, suas atividades, suas unidades. O regente de orquestra postado na plataforma a mover sua batuta tem sido uma metáfora popular da atividade de gestão. Grande parte dela é puro mito.

Fato: O gestor não é nem maestro nem marionete: o controle, nessa função, tende a ser mais velado do que manifesto. Se gerenciar é como conduzir uma orquestra, diga-se que pouco lembra a imagem grandiosa de uma execução perfeita, em que tudo foi bem ensaiado e todos, incluindo a plateia, comportam-se da melhor maneira possível. Está mais relacionado com ensaio, quando todas as coisas dão errado e precisam ser corrigidas rapidamente.

Os gestores exercem controle, apesar das restrições, utilizando-se de dois graus de liberdade. Elaboram um conjunto de decisões iniciais que define seus compromissos subsequentes (por exemplo, começar um projeto que, uma vez posto em prática, exija seu tempo). E fazem servir a seus propósitos atividades das quais *precisam* participar (por exemplo, aproveitar a ocasião de uma cerimônia para fazer *lobby* em nome da organização). Logo, os gestores eficientes não parecem ser aqueles com maior liberdade, mas aqueles que conseguem tirar proveito da liberdade possível.

O impacto da Internet

Como será que a Internet, especialmente o *e-mail*, influenciou tudo isso? Terá mudado a gestão fundamentalmente? Não e, talvez, sim.

Esse novo e poderoso meio aumentou radicalmente a velocidade, o alcance e o volume da comunicação. No entanto, a exemplo do correio convencional, a Internet é limitada pela pobreza da comunicação, a qual é feita exclusivamente por palavras: não há um tom de voz a escutar, gestos a ver, nenhuma presença a ser sentida e, geralmente, nenhuma imagem a ser vista. Ainda que ela nos dê a impressão de estarmos em contato com alguém, a única coisa com a qual estamos em contato é o teclado.

A Internet pode estar levando grande parte da prática gerencial a uma situação crítica, tornando essa prática tão frenética quanto disfuncional

Mais significativo talvez seja o fato de o *e-mail* aumentar o ritmo e a pressão da atividade gerencial, bem como, geralmente, suas interrupções. Some a tentação do "Você tem *e-mail*!" a um BlackBerry no bolso – a corrente que nos prende à aldeia global – e você terá interrupções à beça.

Mas será que a Internet aumenta ou diminui o controle dos gestores sobre seu próprio trabalho? Depende do gestor, é claro. Como a maior parte das tecnologias, a Internet pode ser usada para o bem ou para o mal. Você pode ficar fascinado por ela e deixar que o controle. Ou pode compreender seu poder e os perigos que representa e, então, controlá-la.

Pense no poder de conexão do *e-mail*, no poder de acesso e transmissão de informações da Internet. Pense agora nas pressões e no ritmo do trabalho gerencial, na constante necessidade de responder, na sensação torturante de não se ter o controle da situação.

Será possível que a Internet, ao dar aos gestores a ilusão de controle, esteja na verdade privando-os do controle? Uma conclusão parece óbvia: a Internet não está mudando a natureza da prática gerencial – está reforçando características que temos visto durante décadas. Em outras palavras, as mudanças que promove apontam para a mesma direção: são de grau, não de gênero.

Mas o diabo pode estar nos detalhes. Mudanças de grau podem ter consequências tão profundas quanto as de gênero. A Internet pode estar levando grande parte da prática gerencial a uma situação crítica, frenética a ponto de tornar essa prática disfuncional: superficial demais, desconexa demais, conformista demais. Em última análise, talvez o gerente conectado tenha se desconectado de tudo o que importa, enquanto o ritmo frenético de seu trabalho destrói a própria prática da gestão.

Fonte: Extraído do Capítulo 2 de Henry Mintzberg, Managing, Berrett Koehler and FTPN, 2010.

O QUE A GESTÃO DIZ E O QUE OS GESTORES FAZEM
POR ALBERT SHAPERO

Da literatura de gestão existente, 95% das publicações são norte-americanas, e o restante, na maioria das vezes, resume-se a paráfrases ou plágios da literatura norte-americana. À frente dessas publicações, em matéria de prestígio e circulação (160.000), está a *Harvard Business Review* (HBR). A exemplo da escola de que descende, a *H.B.R.* constitui uma importante fonte de GESTÃO, diferentemente de *gestão*. Gestão é o que os gestores fazem. GESTÃO é a visão do que os gestores fazem nas grandes corporações – visão compartilhada pelas escolas de administração, pelos consultores administrativos e por muitos jornais de negócios e gestão.

Em vista disso, o advento de *On Management* (Harper & Row, US$ 17,95), seleção dos artigos publicados ao longo dos 25 anos da *H.B.R.*, representa um acontecimento de notável importância. O livro deve ser considerado não apenas por seu conteúdo (apresentado sem data, para enfatizar sua perenidade), mas também pela oportunidade que nos oferece de examinar a GESTÃO, sua relevância para a gestão que praticamos na vida real e sua profunda influência sobre nossa maneira de trabalhar e viver.

Imagens de controle, cenas de caos

A quem diz respeito esta GESTÃO; para quem é feita? Certamente não é feita para todas as cerca de 13 milhões de empresas atuantes nos Estados Unidos. Uma pequena prova disso é que, de todos os artigos constantes em *On Management*, apenas um é direcionado às empresas "menores" e aborda como os altos executivos devem proceder na ausência de investigação operacional, departamentos de pesquisa e capacidade computacional de larga escala.

A GESTÃO, ao que parece, foi feita para a FORTUNE 500 e talvez para mais 2 mil das maiores empresas do mundo. Mas, mesmo no caso dessas empresas, não se sabe ao certo se ela corresponde à realidade de sua rotina gerencial corporativa. O termo GESTÃO evoca imagens de controle, de racionalidade, de sistemática; no entanto, estudos sobre o que os gestores realmente fazem retratam comportamentos e situações caóticos, não planejados e marcados pela improvisação.

Tais estudos, realizados ao longo dos últimos trinta anos em diversos países e setores, são incrivelmente semelhantes nas imagens que pintam da vida gerencial corporativa: semanas de 55 a 60 horas de trabalho; listas de coisas a fazer que jamais ultrapassam o primeiro item; 40 a 60% do tempo gastos em reuniões, 90% das quais convocadas por outros; 15% do tempo dedicado a conversas telefônicas; uma média de 15 a 30 minutos entre interrupções; metade dos dias desperdiçada na produção dos relatórios solicitados.

A vida gerencial, em qualquer nível, é quase automática – responder a ligações, memorandos, problemas pessoais, simulações de incêndio, reuniões orçamentárias e revisões de pessoal. Com efeito, os dias dos gestores são controlados por outras pessoas. Perguntei a centenas deles quanto de seu tempo é gasto com atividades reflexivas como planejar, pensar ou analisar. Entre 5 e 10% responderam harmoniosamente – para depois admitirem que estavam mentindo.

Os dias do gestor são controlados por outras pessoas

Às vezes, no entanto, encontramos nos níveis gerenciais indivíduos que trabalham 24 horas sem ser interrompidos por reuniões ou telefonemas. São os "planejadores de longo prazo", o pessoal da sala de operações, do processamento eletrônico de dados, do planejamento financeiro ou de *marketing*, da pesquisa de mercado. Com efeito, a GESTÃO é feita para eles. A maior parte dos artigos contidos em *On Management* diz respeito a ideias do corpo funcional. Ora direcionam-se aos interesses do funcionário em termos de como realizar análises, ora recomendam ao diretor-executivo pensar como um funcionário, apoiar e participar das atividades dos funcionários, etc.

O tamanho dos quadros funcionais e sua influência sobre a condução das empresas e governos cresceram consideravelmente nas últimas décadas. Em 1920, os trabalhadores não envolvidos diretamente com a produção constituíam 19% da força de trabalho. Hoje, giram em torno de 27%. O amplo e crescente número de pessoas não ocupadas com o negócio central de suas empresas devia nos fazer parar para pensar.

Ainda mais inquietante, porém, é a crescente preocupação geral com as análises que pertencem ao domínio dos funcionários. O compromisso dos funcionários é com os produtos das análises – modelos, gráficos, quocientes, saídas impressas –, e não com as pessoas ou coisas que representam. Salvo raríssimas exceções, o funcionário quase nunca passa mais do que um tempo simbólico *on-line* produzindo, vendendo ou oferecendo assistência para os produtos de uma empresa.

Análise no País das Maravilhas

A visão de vida do funcionário constitui a essência mesma da GESTÃO – e é a visão cultivada por nossas melhores escolas de administração. Disciplinas como as de vendas e de produção foram praticamente riscadas do currículo, e em seu lugar ingressaram substitutos analíticos como comportamento do consumidor, pesquisa de mercado, pesquisa de operações, análise financeira, teorias organizacionais e teoria da contabilidade. Apesar de gratificantes do ponto de vista intelectual, tais atividades não estão envolvidas diretamente com a realidade, as alegrias e as dificuldades das operações reais.

Vinte e cinco anos de GESTÃO resultaram em um cenário de Análise no País das Maravilhas, em que abstrações são a realidade, e pessoas e coisas são cifras ou dificuldades a serem enfrentadas. Na visão de mundo da GESTÃO, uma tarefa gerencial típica consiste em utilizar um E.D.P. (*eletronic data processing*)com um M.I.S. (management information systems) para medir o R.O.I. (return on investments) e com isso permitir ao C.E.O. (chief executive officer) satisfazer o conselho de administração com os resultados das projeções da estratégia competitiva corporativa conforme representados nos gráficos de L.R.P. (*long range planing*).

Tradicionalmente, o funcionário levava uma vida de frustração e mau humor, tentando influenciar homens de poder oriundos das áreas de produção ou vendas, no esforço constante de fazê-los ouvir. Um funcionário bem-sucedido era uma espécie de vizir, uma eminência parda, consultada pelo chefe, exercendo poder por intermédio de gestores legítimos. Com o crescimento da GESTÃO, no entanto, o homem de poder nas organizações está cada vez mais assumindo o aspecto do funcionário.

Os efeitos de 25 anos de GESTÃO são manifestos e preocupantes. Uma edição de 1975 da *Harvard Business Review* mostra que, nos últimos anos, corporações com ativos excedendo a cifra de US$ 10 milhões têm sido superadas por empresas menores no que diz respeito ao retorno sobre o patrimônio líquido dos acionistas. A produtividade corporativa norte-americana está sendo sobrepujada pela produtividade de empresas europeias às quais, sob vários programas de assistência técnica, difundimos nossos métodos de pré-GESTÃO de produção e vendas.

Os efeitos de 25 anos de GESTÃO são manifestos e preocupantes

O clima "de escritório" – burocrático, competitivo, impessoal – criado pela GESTÃO produziu e continua a produzir efeitos desastrosos em muitos aspectos. As recentes revelações de suborno, por exemplo, não são acidente de passagem. São resultados inexoráveis da abstração do interesse direto por trabalhadores e clientes com nomes e do contato direto com processos e produtos com substância.

Por que não subornar funcionários se isso lhe permitirá conseguir as vendas almejadas e fazer o relatório anual parecer bom? Por que não reduzir a qualidade do produto até o patamar necessário para evitar uma ação judicial? Por que oferecer mais do que o mínimo do serviço necessário para manter os lucros? Afinal, se você conseguir manter os números em ordem, logo, logo será promovido a outro departamento. Mostre-me um executivo de 35 anos com MBA de alguma escola renomada que queira permanecer na área de vendas diretas porque gosta de fazer os clientes felizes, que aprecie seus colegas e lhes deseje o maior sucesso, e que jamais tomaria uma atitude antiética, e lhe mostrarei um homem a quem todos se referirão como um tipo religioso, um "fracassado".

Fazendo a coisa funcionar de qualquer maneira

Mais cedo ou mais tarde, a estranha cultura da GESTÃO baterá em retirada. Com efeito, ela só chegou onde chegou porque, independentemente de como um sistema é projetado, são seres humanos reais que o fazem funcionar. A cada dia, centenas de milhares de gestores dedicam sua imensa boa vontade e aptidões naturais a compreender o enorme fosso existente entre a GESTÃO e a caótica realidade da vida cotidiana. Com os sentimentos de culpa e inadequação diante dos últimos métodos que são impelidos a usar, eles aceitam a GESTÃO da boca para fora e continuam a produzir e vender conforme a necessidade.

Quando renegamos a GESTÃO, renunciamos à racionalidade? É essa a lição dos últimos 25 anos? Não! Nunca precisamos tanto da racionalidade como agora – mas da espécie de racionalidade arraigada em fenômenos observados. Precisamos retomar uma racionalidade voltada para a desordem natural da vida, e não dedicada a abstrações elegantes. Não há linhas retas na natureza, e, apesar da linearidade retratada pela GESTÃO, tampouco há linhas retas na gestão.

Fonte: Este artigo foi publicado na edição de maio de 1976 da revista Fortune.

GESTÃO E MAGIA
POR MARTIN I. GIMPL E STEPHEN R. DAKIN

Há um paradoxo fundamental no comportamento humano – quanto mais imprevisível o mundo, mais buscamos e contamos com prognósticos e previsões para determinar o que devemos fazer. Não seria absurdo traçar uma analogia entre a previsão do tempo feita sob condições meteorológicas de extrema instabilidade e o interesse contínuo dos gestores em prever e planejar atividades em um ambiente de negócios altamente incerto. Por que será que continuamos a buscar previsões quando o tempo é imprevisível? Nosso argumento é que o fascínio dos gestores pelos ritos mágicos do planejamento de longo prazo, das previsões e de várias outras técnicas voltadas para o futuro é a manifestação de um comportamento supersticioso cujo propósito é aliviar a ansiedade, e que a previsão e o planejamento cumprem a mesma função que outrora cumpriram os ritos de magia. Antropólogos e psicólogos têm argumentado que os ritos mágicos e o comportamento supersticioso desempenham funções extremamente importantes: conferem ao mundo um aspecto mais determinista e nos fazem confiar em nossa capacidade de fazer frente às dificuldades, unem a tribo administrativa e nos induzem à ação, ao menos quando os presságios são favoráveis (Perlmuter e Monty, 1977). Ademais, ritos como esses podem influir na preservação do *status quo*.

Aos olhos do homem "racional", o comportamento supersticioso provavelmente não tem o efeito causal que se imagina (Jahoda, 1970). E. J. Langer (1975) refere-se a isso como "ilusão de controle" – a crença de que os acontecimentos estão causalmente relacionados, quando objetivamente não estão.

As superstições se expandem e se intensificam conforme nosso ambiente se torna mais desconfortável e mais imprevisível, abundando em períodos de peste, fome e guerra. De acordo com o antropólogo social B. Malinowski (1951), "o homem só recorre à magia quando o acaso e as circunstâncias não são plenamente controlados pelo conhecimento". Para ilustrar seu argumento, ele descreve as práticas de pesca nas Ilhas Trobriand. Os pescadores que vivem nos vilarejos banhados por lagoas internas, onde a pesca é fácil e segura, não possuem procedimentos mágicos associados a ela. Em contrapartida, os habitantes dos vilarejos próximos ao mar aberto, onde a pescaria é mais arriscada e incerta, alimentam muitas superstições relacionadas a essa prática.

Quando as pessoas se sentem fora de controle, tendem à inatividade

De modo análogo, no ambiente de negócios incerto dos dias atuais, poderíamos esperar o surgimento de um comportamento "supersticioso" similar, na medida em que os gestores tentam prever e controlar acontecimentos que, por força das condições e tecnologia correntes, são evidentemente imprevisíveis e incontroláveis. Tais condições induzem ao uso dos mais variados mecanismos preditivos, desde o controle de capital até os centros de avaliação. Mas será que esses dispositivos funcionam realmente? Se não funcionam, podemos com toda a legitimidade tachar seu uso continuado de superstição...

[A] superstição implica frequentemente a emergência de líderes de culto, ou "investigadores de bruxas", os quais podem conduzir os procedimentos e interpretar os presságios. Da mesma forma, tempos de incerteza em nosso mundo moderno geram mágicos, investigadores de bruxas e consultores. Por quê? Como observa John Kenneth Galbraith (1982):

> *Em um tema incerto como a economia e a psiquiatria, há algo de admiravelmente cativante naqueles que têm certeza. Ademais, grande parte da discussão sobre o dinheiro tem um aspecto necromântico; presume-se que mistério e mesmo bruxaria estejam envolvidos. Reputação especial adquirem os que, afirmando o mistério, atrevem-se a penetrá-lo. Eles estão em contato com o oculto; os demais devem confiar neles.*

...As superstições são o veículo pelo qual líderes carismáticos infundem sentimentos de certeza em tempos de incerteza. A existência desses líderes pode estimular a confiança, orientar as ações e, se as coisas insistem em dar errado, oferecer um bode expiatório para os que sofrem. A diferença entre os modernos profetas da economia e o xamã, que prevê e induz a chuva, pode estar mais em sua aparência do que no conteúdo de suas previsões...

Na discussão que travamos até agora, implícita está a noção de que as superstições são indesejáveis, de que as ilusões de controle devem ser desencorajadas. Por outro lado, está claro que, sob certas circunstâncias, o comportamento supersticioso pode ser altamente funcional, tanto para os indivíduos como para os grupos.

Uma função talvez ignorada é a de que, sob condições de extrema ambiguidade, podemos facilmente optar pela impotência (Perlmuter e Monty, 1977). Com efeito, quando as pessoas se sentem fora de controle, há certa tendência à inatividade – a não se agir. Sob tais circunstâncias, naturalmente, o mais apropriado é fazer alguma coisa – qualquer coisa –, uma vez que a atividade pode revelar elementos de controle anteriormente ignorados. Assim, ao suscitar o sentimento de controle, as superstições podem estimular a atividade necessária.

Uma segunda função importante da superstição é a de que, em um mundo aleatório, a melhor linha de ação consiste na ação aleatória. É precisamente o que fazem ritos mágicos bem planejados: eles estimulam a ação aleatória...

O. K. Moore (1957) nos fala do uso dos ossos de alce entre os índios labradores. Quando a comida é escassa pelo insucesso das caçadas, os indígenas consultam um oráculo para determinar para que direção devem caçar. Depõe-se a escápula de um alce sobre as brasas de uma fogueira, e as fissuras nos ossos provocadas pelo calor são interpretadas como um mapa. As direções indicadas por esse oráculo são basicamente aleatórias. Segundo Moore, trata-se de um método altamente eficaz, pois, se os índios não usassem um gerador de números aleatórios, acabariam vítimas de suas propensões anteriores e tenderiam a insistir em certas áreas. Ademais, uma caça que seguisse um padrão regular daria aos animais a chance de desenvolver técnicas de fuga. Tornando aleatórios seus padrões de caça, as chances de os índios apanharem os animais são maiores...

Resta ainda uma função adicional e secundária que deve ser mencionada. Enquanto a superstição é útil se torna a ação aleatória, os rituais mágicos associados às superstições são úteis para *justificar* a ação aleatória. Diz Devons, ao constatar quão difícil é para o governo ou a indústria estatal planejar com sensatez:

> *Nenhum secretário do Tesouro poderia apresentar suas propostas para uma política monetária e fiscal na Câmara dos Deputados dizendo: 'Verifiquei todas as previsões, e algumas delas vão numa direção, e algumas noutra; então, decidi jogar uma moeda e presumir tendências inflacionárias se desse cara e deflacionárias se desse coroa'.*

Assim, os rituais mágicos, incluindo o uso de econometria, permitem aos gestores justificar a tomada de ações aleatórias.

Por fim, feitas todas estas considerações, resta evidente que muitas superstições gerenciais são *disfuncionais*. A razão básica de sua disfuncionalidade reside em que, ao aliviar a ansiedade e gerar confiança em tempos de incerteza, elas podem simplesmente estar fornecendo uma justificativa para a manutenção de práticas passadas, em vez de sancionar a inovação. A maior parte das técnicas não gera dados aleatórios, mas introduz uma série tendenciosa – os alces provavelmente descobrirão seu padrão.

Referências

Devons, E. *Essays in Economics*, London: Allen and Unwin, 1961.
Galbraith, J. K. "You can't argue with a monetarist", artigo especial publicado em *The Christchurch Press*, 23 set. 1982; obtido junto ao London Observer Service.
Jahoda, G. *The Psychology of Superstition*, New York: Pelican, 1970, p. 127.
Langer, E. J. "The illusion of control", *Journal of Personality and Social Psychology*, 32, 1975, pp. 311-28.
Malinowski, B. *Magic, Science, Religion and Other Essays*, citado em Romans, G. C., *The Human Group*, London: Rutledge Kegan Paul, 1951, pp. 321-23.
Moore, O. K. "Divination – a new perspective", *American Anthropologist*, 59, 1957, pp. 69-74.
Perlmuter, L. C. e Monty, R. A. "The importance of perceived control: fact or fantasy?", *American Scientist*, 65, 1977, pp. 959-64.

Fonte: © 1984, por The Regents of the Univesity of California. Reimpresso a partir de *California Management Review*, "Management and magic", de M. L. Gimpl e S. R. Dakin, vol. 27, n. 3. Utilizado com permissão dos Regents.

**Se você não está confuso, você não sabe o que está acontecendo.
Jack Welch [então CEO da General Eletric]**

CAPÍTULO 2
GESTÃO DO SIGNIFICADO

Não vemos as coisas como são; vemo-las como somos. [O Talmude]

Gerenciar o significado – para o bem ou para o mal: eis o tema do Capítulo 2.

O jargão é a "cria" da gestão moderna. Estimula a confiança, confere filiação e irradia a mensagem de que "sabemos o que estamos fazendo". Smullyan dispara o primeiro tiro ao desafiar um dos termos aparentemente mais neutros do universo da gestão: "solução de problemas", pois talvez seja aí que os problemas começam. Em seguida, surge Lucy Kellaway, munida de sua metralhadora giratória a abrir fogo contra um amontoado de lugares-comuns ("waffle words") comprimidos numa mesma frase por uma empresa de consultoria: amplo, estratégico, foco, sistema altamente integrado, capacidades fundamentais, estratégias.

Seguem-se, então, alguns "mana-gems" maravilhosos erros tipográficos. Esteja preparado: há muita sabedoria na serendipidade. (Anyone for a brief executive*?)

Como será que é comunicada a maioria dos jargões de hoje? Talvez você tenha adivinhado: PowerPoint? Para Edward Tufte, ele é o mal, pois "transforma tudo em conversa de vendedor".

Henry Mintzberg dá sequência à discussão abordando o planejamento estratégico como um exercício de relações públicas – destinado a impressionar aqueles que desejam ser vistos como modernos e profissionais. Henry sugere não haver vencedores aqui: os que estão fora da organização são contemplados com pronunciamentos inúteis, os gestores intermediários perdem seu tempo preenchendo formulários, enquanto os altos gestores se distraem das questões mais fundamentais.

Por fim, R. Farson examina alguns dos componentes contraditórios da comunicação. Observa, por exemplo, que uma organização saudável necessita de uma comunicação completa e precisa, mas também de distorção e ilusão.

Encerramos a discussão com a leitura de um gerador de "jargões". Depois disso você também será capaz de redigir "memorandos e relatórios retumbantes que significam absolutamente nada".

---

* N. de T.: Alguém quer ser um executivo por um rápido momento?

PROBLEMAS, PROBLEMAS, PROBLEMAS
POR RAYMOND SMULLYAN

Certa vez, quando tocava para um músico, ele cumprimentou-me pelo modo como executei determinada passagem. Disse-me quão bem me saíra com certa modulação e acrescentou: "Você não imagina a forma admirável como solucionou esse problema!"

Devo confessar que fiquei atônito... Ignorava completamente que havia um problema, quanto mais que o solucionara! A ideia de "solução de problemas", sobretudo no âmbito da música, parece-me esquisitíssima. Não só esquisitíssima, mas principalmente desarmônica e destrutiva. É assim que você pensa a sua vida, como uma série de problemas a solucionar? Não admira que não goste de viver mais do que vive!

> *No momento em que alguém classifica alguma coisa como "problema", é aí que o problema realmente começa*

Cumprimentar um músico, ou qualquer outro artista, por ter "solucionado um problema" me parece absolutamente análogo a cumprimentar as ondas do oceano por solucionar um complexo sistema de equações diferenciais parciais. Claro que o oceano produz suas "ondulações" de acordo com essas equações diferenciais, mas dificilmente as soluciona... Creio que minha objeção à noção de "problema" se deve a minha profunda convicção de que, no momento em que alguém classifica alguma coisa como "problema", é aí que o problema realmente começa.

Fonte: Raymond Smullyan.

O PRÓXIMO CAMPEÃO DOS LUGARES-COMUNS DA ACCENTURE
POR LUCY KELLAWAY

Fecha-se uma porta, abre-se outra. Terça-feira, na Flórida, as grades da prisão fecharam-se com estrépito atrás de Martin Lukes, mas, em Londres, a porta de um escritório da Accenture foi aberta, revelando Mark Foster, homem branco de meia-idade com uma titulação longa e enfadonha.

Justo no momento em que colocava meu ponto final na história do executivo movido à base de jargões, encaminharam-me um *e-mail* interno enviado pelo diretor-executivo de gestão de consultoria da Accenture. Logo percebi que esse homem poderia ser o possível sucessor de Lukes. Desconheço se o sr. Foster leva tanto jeito com as mulheres quanto Martin, ou se é bom de golfe, pois não cheguei a conhecê-lo. No entanto, pude examinar um de seus *e-mails* e isso foi suficiente para me convencer de que, em matéria de jargão de classe internacional, há um oceano entre ele e o resto – mesmo na Accenture, onde o *padrão*, como eles o chamam, é elevadíssimo.

Esta não é a primeira vez que escolho a Accenture por sua contribuição ao edifício dos jargões. Anos atrás escrevi uma coluna sobre seu relatório anual que era uma fotografia perfeita da mais horrenda linguagem comercial usada à época – marcada por uma orgia de "paixão implacável" e "entregar valor". O objetivo, presume-se, era impressionar os clientes.

Não obstante, o *e-mail* do sr. Foster é tanto mais estarrecedor por mostrar que altos executivos se utilizam desses termos mesmo quando pensam não haver clientes por perto. Seu memorando era endereçado a "Todos os Altos Executivos da Accenture" – embora a inflação de títulos seja o que é, isso provavelmente se estende para incluir o faxineiro. De fato, como *"group chief executive"*, o sr. Foster integra um grupo de oito colegas com o mesmo título de comando e ainda tem alguns degraus a galgar até atingir o topo.

O memorando começa com algum pano de fundo para o anúncio:..."no intuito de oferecer-lhes contínua visibilidade da agenda de nossa plataforma de crescimento...". Visibilidade é a última moda no mundo dos negócios. Empresas e executivos anseiam por ela, mas, até a semana passada, eu não sabia que as agendas de plataforma de crescimento também a cobiçavam. Que será que ele está dizendo aqui?, pergunto-me. Imagino, embora não possa jurá-lo, que ele queira dizer a seus colegas como a empresa planeja ganhar mais dinheiro.

E o mesmo vale para o núcleo do memorando: "Estamos mudando o nome da linha de serviços Human Performance para Talent & Organization Performance, com vigência imediata".

Não estou certa de já ter visto tantos lugares-comuns comprimidos numa mesma frase.

Antes que você se espante com a estupidez dessa mudança nominal, note primeiro que os departamentos não podem sequer ser chamados de departamentos: são "linhas de serviços". Quanto ao nome, o antigo pode não ser lá grande coisa, mas remover o *"human"* (certamente o objetivo visado) e substituí-lo por *"talent & organisation"* não implica progresso. Já comentei muitas vezes que "talent" (talento) é um termo aplicado de forma terrivelmente equivocada, pois a maioria das pessoas não é realmente talentosa.

Vejamos agora a lógica comercial da mudança. "Com a ascensão do mundo multipolar, a tarefa de encontrar e gerenciar talentos está mais complexa, turbulenta e contraditória do que nunca".

Tal assertiva colide com duas leis, a primeira delas, a da geografia: só existem dois polos; e a segunda, a dos negócios: encontrar "talentos" sempre foi difícil, porque sempre foram escassos. A única desculpa para se dizer "complexa, turbulenta e contraditória" é fazer a tarefa parecer tão complicada que serão necessários os serviços da Accenture para resolvê-la.

De acordo com o sr. Foster, o que precisamos fazer é ensinar as organizações a "expandir sua agenda de gestão do talento, deixando de lado o foco estreito e tático nas atividades de recursos humanos em torno do ciclo de vida do empregado e adotando um foco mais amplo e estratégico em sistemas altamente integrados de capacidades fundamentais para as estratégias e operações corporativas". Aí está uma tolice escandalosa, ultrajante. O foco do RH deve ser estreito. Deve centrar-se especificamente no ciclo de vida do empregado (se isso significa contratar, treinar, promover e demitir).

A sugestão de Foster é aterradora. Não estou certa de já ter ouvido tantos lugares-comuns comprimidos numa mesma frase: amplo, estratégico, foco, sistemas altamente integrados, capacidades fundamentais, estratégias. A rigor, as únicas palavras aceitáveis aqui são "para", "e" e "nos/nas".

Vou poupá-lo das citações mais longas desse deplorável memorando, repleto de chavões como "dar um passo adiante", "águas profundas", "espaço" e "discurso coerente com a prática". Além disso, há uma verdadeira obsessão com as capacidades; em quatro diferentes lugares o sr. Foster fala sobre "reposicion[á-las]", "diferenci[á-las]", "integr[á-las]" e "desenvolv[ê-las]". A impressão que tenho é que isso exige trabalho pesado, sobretudo porque nem mesmo sei ao certo que capacidades são essas.

Há apenas uma frase de que gosto: – "Já vemos grandes progressos!" –, se bem que ela ficaria melhor sem esse entusiástico ponto de exclamação.

Infelizmente, porém, a afirmação é infundada. O único progresso mencionado é que o diretor da citada linha de serviços escreveu um livro intitulado *The Talent Powered Organization* e, para celebrar, a Accenture está convidando os clientes para uma festa no Second Life – o que, suponho, deve diminuir a conta do bar.

Até que ponto essas tolices importam? A Accenture não está vendendo pensões para viúvas; se seus clientes abastados estão preparados para comprar serviços de RH concebidos para um mundo multipolar, bom para eles.

Contudo, há algo no memorando que me preocupa mais. O *website* da Accenture revela que, diferentemente de Martin Lukes, o sr. Foster é formado em filologia clássica por Oxford. Sempre pensei que o objetivo de estudar filologia clássica fosse treinar a mente e a pena. O que nos mostra esse memorando é que duas décadas de Accenture são mais eficientes para atordoar a mente do que três anos de Ésquilo e Horácio para aguçá-la.

Fonte: Lucy Kellaway, *Financial Times*, 27 jan. 2008.

PÉROLAS DA GESTÃO

Um membro de nosso grupo, Henry, coleciona erros tipográficos – "gralhas", como são conhecidos (uma atividade mais fácil que colecionar carros antigos...). *Escreve* seus livros e artigos (literalmente) de forma terrível. Assim, quando são digitados, quase tudo pode acontecer. E agora, com o uso do *e-mail*, e Henry enlouquecidamente às voltas com o teclado, tanto maior é a carnificina que surge na tela do monitor. Apresentamos uma amostra de tudo isso a seguir. Esteja preparado: há muita sabedoria na serendipidade. (Henry gostaria de agradecer àqueles que foram seus assistentes nos últimos 16 anos, Santa Balanca-Rodrigues e Kate Maguire, e expressar seu imenso apreço pela profunda contribuição que deram ao material que se segue.)

Erros tipográficos relativos à liderança

Brief executive
Chief *existence*
The marketing vice *pediment*
The CEO must be an *infirmed* generalist [*informed*] {O CEO precisa ser um generalista informado}
Busimanship [de um colega sueco]
Bust [Bush]
He just wants to be sure... [*valor*] {Ele só quer certificar-se de que pode agregar *volume*}
The meeting... [*chaired*] {A reunião do Comitê Cooperativo do Hospital não deve ser presidido pelo presidente do conselho de diretores}
Reading this... [*course*] {Lendo isso, talvez você se considere um líder. Você sabe muito bem no que consiste a liderança: Estimular o trabalho em equipe. Ver a longo prazo. Criar confiança.} Setting *curse* [course] {Traçar um rumo}

Erros relacionados

Crass-cultural... [*cross-*] {Gestão intercultural}
Stiff management [staff] {Gestão de recursos humanos}
Distracted management [distributed] {Gestão distribuída}
Marginal work [*imanagerial*] {Trabalho gerencial}
Managerms

Autistic administration [*artistic*] {Administração artística}
Models of *mingling* [managing] {Modelos de gestão}
Direct *suspicion* [supervision] {Supervisão direta}
The *hole* question of the management [*whole*] {Toda a questão do gestão}

Strategic *panning* [planning]
Strategic *pleasing*
Strategic *peas*
Stuff planner [staff]
Plain things [plan]
Addressing key *pissues* [issues]
Destructive competences [distinctive]
Diversifiction [que diferença faz um "a"] [referência ao título da canção *What a Diff'rence a Day Make*]
Planning can be a means to knit *desperate* activities together [disparate]
The strategies that result from *anxious* thought [conscious]
Students do a course in business *stripping* [strategy]
"I wish to look at the *liturgy* – I mean literature – in strategic management" [cortesia de Pierre Brunet, durante sua defesa de tese]
Rumelt calls the traditional view of strategy formation "a set of *constricts*" [constructs]
Only those who have the wisdom to see the *pat* are able to imagine the future [past]

Toos [tools] {ferramentas}
The *statistics* quo {O *status quo*}
Add a feedback *leap* [loop] {Agregar um laço de realimentação}
Levels of *obstruction* [abstraction] {Níveis de abstração}
Formal confrontation [financial information] {Informação financeira}
The *anus* is on the specialist to investigate the relevance of his own science [onus] [É do especialista o ônus de investigar a relevância de sua própria ciência]
There is *wonderfully* little synthesis in the world of analysis [woefully] {Há, lamentavelmente, pouca síntese no mundo da análise}
Consultants tend to come at times of *charge* [change] {Os consultores tendem a aparecer em tempos de mudança}
We could have just taught about technique and be *undone* with it [done] {Poderíamos simplesmente ter ensinado a técnica e encerrado a questão}
Based on the belief that high market share is per se more *profile* [profitable] {Com base na crença de que uma elevada participação de mercado é *per se* mais rentável}

A little model of decision making: *defying* the issue, designing courses of action, deciding on the final outcome [defining] {Um pequeno modelo de tomada de decisão: definir a questão, traçar linhas de ação, decidir pelo/com base no resultado final}
Better description in the hands of the intelligent practitioner is the most powerful prescription tool we have, for that is what enables him or her to change the *word* [world] {Uma melhor descrição, nas mãos do profissional inteligente, é a mais poderosa ferramenta prescritiva de que dispomos, pois é isso que permite a ele mudar o mundo}

ASSUNTO: NOVO ELEMENTO DA TABELA PERIÓDICA

O elemento mais pesado conhecido na ciência é o *Managerium*.

Esse elemento não possui prótons nem elétrons, mas seu núcleo é composto por 1 nêutron, 2 vice-nêutrons, 5 vice-nêutrons intermediários, 25 vice-nêutrons assistentes e 125 vice-nêutrons assistentes intermediários, todos movendo-se em círculos.

O *Managerium* tem meia-vida de três anos, período durante o qual não decai, mas institui uma série de revisões que levam à reorganização. Suas moléculas mantêm-se unidas mediante o intercâmbio de minúsculas partículas conhecidas como idiotas.

Fonte: Desconhecida.

POWERPOINT É O MAL
POR EDWARD TUFTE

Imagine um remédio controlado, caro e largamente consumido que prometia nos tornar belos, mas não o fez. Em vez disso, produziu efeitos colaterais graves e frequentes: estimulou a estupidez, transformou seus usuários em pessoas entediantes, fez perder tempo e degradou a qualidade e a credibilidade da comunicação. Efeitos colaterais como esses certamente justificariam um *recall* mundial do produto.

E, no entanto, os *slidewares* – programas computacionais para apresentações – estão em toda parte: na América corporativa, nas burocracias governamentais, até mesmo em nossas escolas. Várias centenas de milhões de cópias do Microsoft PowerPoint produzem trilhões de *slides* a cada ano. O *slideware* pode ajudar palestrantes ou oradores a delinear suas apresentações, mas o que para eles significa conveniência pode ser punitivo para o conteúdo tanto quanto para a audiência. A habitual apresentação de PowerPoint privilegia o formato em detrimento do conteúdo, traindo uma atitude mercantilista que transforma tudo em conversa de vendedor.

É claro que as reuniões baseadas na divulgação de dados não são novidade. Anos antes dos *slidewares* de hoje, as apresentações feitas em empresas como a IBM e nas Forças Armadas utilizavam listas de itens exibidas em projetores de transparências. Mas esse formato tornou-se onipresente com o PowerPoint, criado em 1984 e mais tarde adquirido pela Microsoft. O estilo impositivo do PowerPoint tem por objetivo estabelecer o domínio do orador sobre a plateia. O orador, afinal de contas, está fazendo *power points* com *bullets* aos seguidores. Poderia haver metáfora pior do que essa? Sistema de *menu* de correio de voz? Quadros de avisos? Televisão? Stálin?

Particularmente inquietante é a adoção do estilo cognitivo do PowerPoint em nossas escolas. Em vez de aprender a redigir uma redação usando frases, as crianças são ensinadas a formular propaganda para clientes e infomerciais. Os exercícios com PowerPoint, feitos nas escolas de ensino fundamental (como nos mostram os livros para professores e os trabalhos de estudantes postados na Internet), consistem tipicamente de 10 a 20 palavras e uma peça de *clip art* em cada um dos três a seis *slides* que compõem a apresentação – um total de aproximadamente 80 palavras (15 segundos de leitura silenciosa) para uma semana de trabalho. Melhor seria para os alunos se as escolas simplesmente fechassem as portas nesses dias e todos se dirigissem ao *Exploratorium* ou escrevessem um ensaio ilustrado explicando alguma coisa.

Em um cenário de negócios, um *slide* de PowerPoint normalmente exibe 40 palavras, o que equivale a mais ou menos 40 segundos de material para leitura silenciosa. Com tão pouca informação por *slide*, são necessários muitos, muitos *slides*. Logo, as audiências têm de suportar a implacável sequência de um maldito *slide* atrás do outro. Quando as informações são empilhadas uma após a outra, é difícil compreender o contexto e avaliar as relações entre elas. O raciocínio visual costuma funcionar de forma mais efetiva quando as informações relevantes são exibidas lado a lado. Na maioria das vezes, quanto mais intensos são os detalhes, maior é a clareza e a compreensão. Isso se aplica especialmente aos dados estatísticos, em que o ato analítico fundamental consiste de fazer comparações.

As apresentações em geral dependem da qualidade, da relevância e da integridade do conteúdo

Considere uma importante e intrigante tabela de taxas de sobrevivência de pessoas com câncer em relação a pessoas sem câncer para o mesmo período de tempo. Cerca de 196 números e 57 palavras descrevem taxas de sobrevivência e seus erros padrão relativamente a 24 tipos de câncer.

A aplicação dos modelos de PowerPoint a essa bela e simples tabela produz um verdadeiro desastre analítico. Os dados explodem em seis caóticos *slides* separados, consumindo 2,9 vezes a área da tabela. Tudo está errado nesse excesso de gráficos incoerentes: as legendas codificadas, o despropósito das cores, a inserção do logotipo.

Boa apresentação

Estimativa de índices relativos de sobrevivência ao câncer, por área afetada

% taxas de sobrevivência e seus erros padrão

	5 anos	10 anos	15 anos	20 anos
Próstata	98,8 0,4	95,2 0,9	87,1 1,7	81,1 3,0
Tireoide	96,0 0,8	95,8 1,2	94,0 1,6	95,4 2,1
Testículo	94,7 1,1	94,0 1,3	91,1 1,8	88,2 2,3
Melanomas	89,0 0,8	86,7 1,1	83,5 1,5	82,8 1,9
Mama	86,4 0,4	78,3 0,6	71,3 0,7	65,0 1,0
Linfoma de Hodgkin	85,1 1,7	79,8 2,0	73,8 2,4	67,1 2,8
Corpo uterino	84,3 1,0	83,2 1,3	80,8 1,7	79,2 2,0
Sistema urinário, bexiga	82,1 1,0	76,2 1,4	70,3 1,9	67,9 2,4
Colo do útero	70,5 1,6	64,1 1,8	62,8 2,1	60,0 2,4
Laringe	68,8 2,1	56,7 2,5	45,8 2,8	37,8 3,1
Reto	62,6 1,2	55,2 1,4	51,8 1,8	49,2 2,3
Rim, pelve renal	61,8 1,3	54,4 1,6	49,8 2,0	47,3 2,6
Cólon	61,7 0,8	55,4 1,0	53,9 1,2	52,3 1,6
Linfoma não Hodgkin	57,8 1,0	46,3 1,2	38,3 1,4	34,3 1,7
Cavidade oral, faringe	56,7 1,3	44,2 1,4	37,5 1,6	33,0 1,8
Ovário	55,0 1,3	49,3 1,6	49,9 1,9	49,6 2,4
Leucemia	42,5 1,2	32,4 1,3	29,7 1,5	26,2 1,7
Cérebro, sistema nervoso	32,0 1,4	29,2 1,5	27,6 1,6	26,1 1,9
Mieloma múltiplo	29,5 1,6	12,7 1,5	7,0 1,3	4,8 1,5
Estômago	23,8 1,3	19,4 1,4	19,0 1,7	14,9 1,9
Pulmão e brônquios	15,0 0,4	10,6 0,4	8,1 0,4	6,5 0,4
Esôfago	14,2 1,4	7,9 1,3	7,7 1,6	5,4 2,0
Fígado, ductos biliíferos	7,5 1,1	5,8 1,2	6,3 1,5	7,6 2,0
Pâncreas	4,0 0,5	3,0 1,5	2,7 0,6	2,7 0,8

Uma tabela tradicional: rica, informativa, clara

Má apresentação

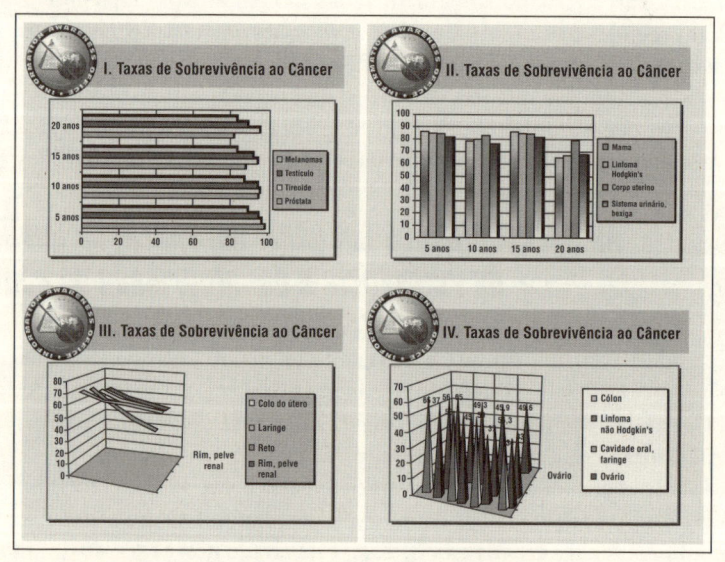

Lixo gráfico de PowerPoint: excessivo, caótico, incoerente

São pouco comparativos, são indiferentes ao conteúdo e à evidência, e tão carentes de dados que beiram a inutilidade. O lixo gráfico é um sinal inequívoco de estupidez estatística. Se pararmos para pensar, esses gráficos de dados se converteriam numa asquerosa caricatura, caso fossem utilizados para um propósito sério, como, por exemplo, ajudar pacientes com câncer a avaliar suas taxas de sobrevivência. Para vender um produto que bagunça os dados de forma tão sistemática, a Microsoft abandona toda e qualquer pretensão de integridade ou raciocínio estatístico.

De modo geral, as apresentações dependem da qualidade, da relevância e da integridade do conteúdo. Se seus números são chatos, então você tem os números errados. Se suas palavras ou imagens não são consistentes, não são as cores ou as animações que as tornarão relevantes. O tédio de uma audiência normalmente é resultado de uma falha de conteúdo, não de decoração.

No mínimo, o formato de uma apresentação não deveria fazer mal. No entanto, o estilo PowerPoint quase sempre atrapalha, banaliza e sobrepuja o conteúdo. Nesse sentido, as apresentações de PowerPoint muitas vezes lembram apresentações escolares – barulhentas, arrastadas e elementares.

As conclusões práticas são claras. O PowerPoint é um competente gerenciador e projetor de *slides*. O problema é que, em vez de suplementar uma apresentação, ele tornou-se um substituto para ela. Esse mau uso ignora a regra mais importante de todo orador: respeitar o público.

Reimpresso com permissão, Edward R. Tufte, *The Cognitive Style of PowerPoint* (Graphics Press, Cheshire, CT, September 2003), conforme publicado na revista *Wired*.

O PLANEJAMENTO COMO UM EXERCÍCIO DE RELAÇÕES PÚBLICAS
POR HENRY MINTZBERG

Há organizações que utilizam o planejamento como uma ferramenta de gestão não porque alguém necessariamente acredite no valor do processo em si, mas porque os influenciadores externos acreditam. O planejamento torna-se então um jogo, denominado "relações públicas".

Assim, "prefeituras contratam consultores para a elaboração de seu 'planejamento estratégico', no intuito de impressionar as agências de classificação de títulos (Nutt, 1984a: 72), e "o que é frequentemente chamado de 'plano' por uma universidade é, na verdade, um folheto de investimento" (Cohen e March, 19). No governo, líderes que "desejam ser vistos como modernos... têm um documento para deslumbrar suas visitas". E por que haveria de ser diferente? Afinal, "a América capitalista insistiu em um plano" em troca de sua ajuda externa a países pobres: "pouco importava se o plano funcionava; o que contava era a capacidade de produzir um documento que se parecesse com um plano" (Wildavsky, 1973: 140, 151).

Em um sentido estreito, obviamente, parte desse "planejamento" parece justificada. Afinal, os "grandes mercados" precisam de capital, as nações precisam de ajuda e as universidades precisam de apoio. Nos países mais pobres, o planejamento nacional "talvez se justifique sob critérios estritamente monetários: os planejadores podem trazer mais dinheiro do exterior que o custo para sustentá-lo em seu próprio país" (Wildavsky, 1973: 151).

Mas, em um sentido mais amplo, será que esse tipo de planejamento realmente se justifica? Deixando de lado o óbvio desperdício de recursos – o dinheiro que poderia ser economizado se todos parassem de fazer esse jogo –, o planejamento para fins de relações públicas provavelmente distorce as prioridades. Nos países pobres, por exemplo, alocam-se mal habilidades cuja oferta é escassa e que poderiam ser empregadas para solucionar problemas reais (ou elaborar um planejamento útil!). Mesmo nos países mais desenvolvidos, pense em quanto tempo e talento têm sido desperdiçados ao longo dos anos. Pior ainda: o que se pretende por relações públicas pode ser levado a sério, quando não deveria.

Junte tudo isso, e o planejamento de relações públicas torna-se um mecanismo pelo qual quase todos, independentemente de quanto tencionem usá-lo para obter controle, acabam por perdê-lo. As pessoas de fora obtêm pronunciamentos inúteis, os gestores juniores perdem tempo preenchendo formulários, enquanto os gestores seniores se distraem das questões mais fundamentais. Somente os planejadores saem por cima. E isso torna esse planejamento, para eles, fundamentalmente político.

Em última análise, nas experiências das corporações ocidentais, não menos que naquelas dos estados comunistas, o planejamento usado em benefício da imagem, e não do conteúdo, confunde a todos e a todos controla.

Referências

Cohen, M. D. e March, J. G., "Decisions, presidents, and status", *in* J. G. March e J. P. Olsen (eds.), *Ambiguity and Choice in Organizations*, Bergen, Universitetsforlaget, 1976.
Lorrange, P. e Vancil, R. F., *Strategic Planning Systems*, Prentice Hall, 1977.
Nutt, P. C., "A strategic planning network for non-profit organizations", *Strategic Management Journal*, 1984, 5, 57-75.
Widavsky, A., "If planning is everything, maybe it's nothing", *Policy Sciences*, 1973, 4, 127-153.

Fonte: Adaptado com a permissão de The Fire Press, uma divisão de Simon & Schuster, Inc., a partir de *The Rise and Fall of Strategic Planning*, de Henry Mintzberg. Copyright© 1994 de Henry Mintzberg. Todos os direitos reservados.

O OPOSTO DE UMA VERDADE PROFUNDA É TAMBÉM UMA VERDADE
POR RICHARD FARSON

Nossas maiores conquistas na ciência, no direito, na política e em todas as atividades intelectuais que empreendemos dependem de nosso desenvolvimento como pensadores racionais, lógicos.

Contudo, esse tipo de pensamento também nos tem limitado. Sem sabermos muito bem como nem por que, tornamo-nos criaturas de lógica linear, categórica. As coisas podem ser boas ou más, verdadeiras ou falsas, mas não as duas. Aprendemos que uma coisa não pode ser o que é e o que não é ao mesmo tempo. E, no entanto, quando somos confrontados com um conflito, parece sábio dizermos: "Bem, sim e não". Ou: "Ambos". Todos já ouvimos afirmações que admitem a coexistência de elementos opostos: Menos é mais. Viver é morrer. Odiar é amar. Embora pareça ilógico, nada pode estar mais intimamente relacionado do que duas coisas opostas.

Seguindo em duas direções

Que valor prático podemos obter dessa noção? Em um plano mundano, tomemos como exemplo a evolução do processamento de alimentos congelados. Ela possibilitou uma série de previsões sobre o crescimento de um mercado de *fast-food* – previsões que certamente revelaram-se corretas. O que não se previu, no entanto, foi a popularidade dos livros de receitas, com sua ênfase em ingredientes frescos, produtos orgânicos, pratos saudáveis e um renovado respeito pelos *chefs*. A tecnologia de processamento de alimentos congelados tornou possível o desenvolvimento da comida rápida, mas junto a esse desenvolvimento veio o seu oposto.

No âmbito da gestão, temos visto a coexistência de elementos opostos com a introdução de metodologias participativas destinadas a democratizar o local de trabalho. Se é verdade que tais metodologias muitas vezes aumentam, de fato, a participação do trabalhador, também é verdade que a hierarquia e a autoridade permanecem praticamente intocadas, talvez mais fortes do que nunca. Isso porque os executivos que concedem à força de trabalho algum grau de autoridade jamais deixam de exercer integralmente sua própria autoridade. Conferir autoridade não é como oferecer um pedaço de bolo, em que se perde o que se dá. É mais como transmitir informações a alguém: ainda que a pessoa agora saiba mais, você não fica sabendo menos.

Ilusões práticas

Vejamos outro exemplo de coexistência de elementos opostos: para que uma organização seja saudável, é necessário que haja uma comunicação plena e precisa entre seus membros. Por outro lado, a saúde organizacional exige também distorção e ilusão. Se essas palavras lhe soam um tanto severas, pense em termos de uso mais comum, como *diplomacia* e *tato*, que sugerem menos do que uma comunicação franca.

Assim como o exercício da medicina ou a condução de um romance requer certa mística – isto é, alimentar certas crenças sobre si próprio que podem não ser inteiramente precisas, mas fazem outros se sentirem bem –, assim também se dá com a liderança ou a gestão. Há quem argumente, por exemplo, que uma das funções da gerência intermediária é mastigar ou filtrar as informações que fluem tanto de cima para baixo quanto de baixo para cima na organização. Diz-se que tal "distorção" ou "ilusão" serve a dois propósitos práticos.

Primeiro, os trabalhadores são levados a acreditar que seus líderes são confiantes, justos e capazes, reforçando os mitos necessários da liderança. Segundo, como os principais líderes certamente ficariam preocupados se soubessem de tudo o que ocorre na organização, são poupados dos problemas mais insignificantes e das falhas menores da força de trabalho.

Nas relações humanas, alguma forma de ilusão é a regra, não a exceção

Nas relações humanas, alguma forma de ilusão é a regra, não a exceção. Na maioria dos casos, não deveria ser tomada como mentira, pois esse termo deixa de levar em conta a complexidade da comunicação humana e as muitas manobras de que precisamos nos utilizar para manter as relações em equilíbrio. Apreciar a coexistência dos opostos nos ajuda a entender que a honestidade e a ilusão podem funcionar juntas, de uma forma paradoxal.

Impulsos contraditórios

Conheço um executivo que é o exemplo clássico de um homem que almeja o sucesso ao mesmo tempo em que parece querer o fracasso. Tudo o que faz carrega essa dupla mensagem. No mesmo momento em que se oferece entusiasticamente para capitanear um projeto, atua de tal forma que acaba por enfraquecê-lo – recusando-se a delegar, minando o trabalho dos comitês, deixando de cumprir prazos e protelando decisões cruciais.

Tal comportamento, no entanto, não é tão incomum. Impulsos contraditórios para o sucesso e para o fracasso podem ser encontrados em qualquer projeto, em qualquer equipe de trabalho e mesmo em qualquer indivíduo. Toda escolha gerencial, oferta de trabalho ou candidato a emprego pode parecer atraente e ao mesmo tempo desagradável. Todo negócio é bom e ao mesmo tempo ruim. Eis por que liderar consiste essencialmente em gerenciar dilemas, por que a tolerância à ambiguidade – lidar com as contradições – é essencial a todo líder, e por que apreciar a coexistência de elementos opostos é crucial para o desenvolvimento de um jeito diferente de pensar.

Como um só

Há ainda uma outra interpretação desse paradoxo que sempre me pareceu intrigante – a de que os opostos não só podem coexistir, como mesmo *fortalecer* um ao outro. Tomemos como exemplo o prazer e a dor. Coçar a pele para aliviar uma comichão é tanto uma coisa quanto a outra: nem prazer seguido de dor nem dor seguida de prazer, mas ambos ao mesmo tempo. Embora seja verdade que coçar uma comichão por muito tempo pode deixar de ser agradável e tornar-se doloroso, há um momento em que ambas as sensações coexistem, quando são uma coisa só. Como a verdade e a falsidade, o bem e o mal.

Fonte: Richard Farson, *Management of the Absurd*, Simon and Schuster, 1997, pp. 21-24.

O GERADOR SISTEMÁTICO DE JARGÕES
POR LEW GLOIN

Opções digitais funcionais

Dispomos de um maravilhoso dispositivo gerador de jargões. Sua (suposta) origem remete ao Serviço de Saúde Pública (PHS) dos Estados Unidos. Lá, um funcionário chamado Philip Broughton, perto de aposentar-se, concebeu "um método infalível para converter frustração em realização", a que deu o nome de Projetor Sistemático de Jargões (*Systematic Buzz Phrase Projector – SBPP*).

O sistema consiste de um léxico de 30 jargões cuidadosamente selecionados que você, como jargonauta, poderá inserir em memorandos, relatórios ou nos discursos do chefe.

O SBPP é fácil de usar. Basta pensar em um número de três dígitos e depois selecionar o jargão correspondente em cada lista. Vejamos:

Lista 1	*Lista 2*	*Lista 3*
0 opções	0 gerencial(is)	0 integrado(a/as)
1 flexibilidade	1 organizacional(is)	1 total(is)
2 capacidade	2 monitorado(a/as)	2 sistematizado(a/as)
3 nobreza	3 recíproco(a/as)	3 paralelo(a/as)
4 programação	4 digital(is)	4 funcional(is)
5 conceito	5 logístico(a/as)	5 responsivo(s)
6 estágio	6 transicional(is)	6 opcional(is)
7 proteção	7 incremental(is)	7 sincronizado(a/as)
8 *hardware*	8 de terceira geração	8 compatível(is)
9 contingência	9 política(s)	9 equilibrado(a/as)

Por exemplo, 521 gera conceito monitorado total. E 044 resulta no título desta seção. Viu como é fácil? Agora você também poderá elaborar memorandos e relatórios de aspecto imponente que não significam absolutamente nada.

Ron Webster de Brighton escreve com um problema: "Pergunto-me se você seria capaz de identificar a palavra cuja definição no dicionário é 'produto de um mundo suave, em que todos cumprem as leis'. Anos atrás, li um artigo em que a palavra era usada para descrever uma pessoa, mas, por mais que tente, não consigo lembrar que palavra é essa".

Ok. Palavras admitem falhas. Alguém aí tem a resposta?

Fonte: Lew Gloin, "Words", *Saturday Magazine, The Toronto Star*, 25 February 1989, p. M2.

Quando todos pensam o mesmo, ninguém está pensando.
Benjamin Franklin

CAPÍTULO 3
GESTÃO ENGANOSA

Gerenciar é ter a ilusão de que podemos mudar as pessoas. Liderar é iludir outras pessoas em vez de nós mesmos. [Scott Adams, em Dilbert and the Way of the Diesel]

Liderar: eis a última moda. A Amazon tem algo em torno de 10 mil livros sobre liderança (leadership) *e pouco mais que um punhado de títulos sobre o ato de seguir os líderes de uma organização"* (followership). *Ache uma organização com problema, e a liderança inevitavelmente será a solução professada. Mas, e se o problema, estiver justamente na liderança? E se a liderança também não for o que pensamos? Leia este capítulo e talvez também se sinta motivado a refletir sobre isso.*

Para este capítulo, selecionamos peças que trazem a liderança de volta à realidade. Para começar, recorremos uma vez mais a Farson. Ele desafia a imagem estereotipada do líder, traçando um retrato mais realista dos papéis de liderança distribuídos em um grupo.

Na seção seguinte, apresentamos um exemplo disso em uma entrevista com John Mackey em que ele explica como se deu o desenvolvimento da Whole Foods. Talvez não tenha sido como você imagina. John Kay reforça esse ponto com sua coluna no Financial Times sobre como "Uma celebridade executiva não faz uma empresa". De fato, há sérios riscos em se acreditar que "indivíduos sumamente talentosos são capazes de transformar os negócios sozinhos".

Henry Mintzberg apresenta, em seguida, algumas regras para quem quer ser um líder "heroico" (leia-se destrutivo). Depois disso, volta a subir a montanha da liderança, abordando a necessidade de algum bom senso nessa ascensão. Encerramos o capítulo com um apelo para que haja mais "senso comunitário" (communityship) *ao lado de uma "liderança não mais que suficiente".*

NÃO HÁ LÍDERES, APENAS LIDERANÇA
POR RICHARD FARSON

Um dos maiores inimigos da efetividade organizacional é a imagem estereotipada que temos do líder. Imaginamos uma figura controladora, talvez postada diante de uma plateia, a falar e falar sem ouvir, com um *entourage* de assistentes de prontidão à sua volta. Ou então sentada atrás de uma mesa ampla, impecável, dando ordens, assumindo responsabilidades – uma figura agressiva, categórica, um *bulldog*.

Imagens como essas nos trazem dificuldades não só porque não correspondem à realidade, mas porque nos preparam para funções essencialmente disfuncionais. A imagem viril que se tem da liderança, associada a homens como Vince Lombardi, Ross Perot e Lee Iacocca, nos faz esquecer que a verdadeira força de um líder está em sua capacidade de desencadear a força do grupo.

> *Confiar toda a liderança a uma só pessoa gera expectativas que não podem ser cumpridas*

Esse paradoxo é uma outra maneira de dizer que a liderança é menos propriedade de uma pessoa do que de um grupo. Distribui-se entre os membros de um grupo, que, por sua vez, desempenham aqueles papéis vitais de chefe de serviço, palhaço, figura materna, e assim por diante. Confiar a uma única pessoa – ao gestor, por exemplo – todas as atribuições da liderança gera expectativas que não podem ser cumpridas, além de privar o grupo de seus poderes, induzindo a uma excessiva dependência em relação ao gestor. Em contrapartida, a resposta do líder a essa dependência às vezes é o microgerenciamento, imiscuindo-se em áreas de controle e responsabilidade que representam uma pobre utilização do tempo e podem estar muito além de suas capacidades, acabando por reduzir a produtividade do grupo.

Definido pelo grupo

Pessoas que são líderes em uma dada situação normalmente são seguidoras em outras situações. Gestores que atuam na liderança de suas organizações, por exemplo, talvez não sejam mais do que pais interessados nas reuniões de pais e mestres ou meros espectadores nos eventos sociais. A liderança é situacional, uma qualidade menos pessoal do que específica.

Os verdadeiros líderes são definidos pelos grupos a que servem e compreendem a relação de interdependência entre seu trabalho e o trabalho do grupo. Todos já vimos líderes que se transferiram exitosamente de uma empresa para outra mesmo sem ser especialistas nos negócios da organização em que ingressavam. Eles conseguem essa proeza porque se propõem a evocar o conhecimento, as habilidades e a criatividade daqueles que já fazem parte da organização. Além disso, são suficientemente seguros de suas identidades para não temer deixar-se influenciar por novas informações e aceitar as ideias de outros membros do grupo. Em especial, são capazes de estimular a inteligência e a participação de pessoas que normalmente passariam ao largo das discussões.

Em um grupo que funciona bem, o comportamento do líder não difere tanto do comportamento de outros membros responsáveis do grupo. De fato, não fosse a pompa do título, o escritório particular com vista privilegiada, a mesa imponente, o assento à cabeceira da mesa de reuniões, e assim por diante, seria muito difícil identificar o líder em um grupo que funciona bem.

Tornando a vida mais simples

Os melhores líderes são servidores de sua gente. Certa vez, conduzi um estudo cujo propósito era tentar compreender como as pessoas conquistam poder dentro de um grupo. Constatamos que os indivíduos mais bem-sucedidos estavam a serviço dos interesses de seu grupo. Iam até o quadro-negro e realizavam tarefas que consideraríamos próprias de um secretário. Pediam a opinião daqueles que não haviam se pronunciado, ouvindo a todos atentamente. Expressavam seu ponto de vista de forma clara e direta, mas, acima de tudo, incentivavam outros a compartilhar suas próprias opiniões. Ajudavam o grupo a manter-se concentrado nos problemas. Em outras palavras, tentavam ser úteis ao grupo.

Humildade é uma qualidade que os melhores líderes adquirem ao natural: raramente eles tomam para si o mérito de alguma realização, preferindo atribuí-lo ao grupo com o qual trabalharam. É característico da conduta do grande líder tentar constantemente tornar mais simples a vida dos empregados – resolvendo situações, planejando tarefas, solucionando processos, removendo barreiras ou pensando em quem necessita do quê. Seu trabalho, conforme o define, consiste em encontrar maneiras de desencadear o potencial criativo que existe em cada empregado e em cada grupo com que trabalha...

Líderes que não reconhecemos

Às vezes, nos esquecemos de que a liderança é um papel compartilhado, em parte realizado por pessoas que não são líderes titulares. Reis têm regentes sussurrando em seus ouvidos. Presidentes têm conselheiros. CEOs têm consultores. Gestores têm assistentes que os ajudam a moldar seu comportamento, mas que, não assumindo os riscos da liderança, não recebem o devido crédito.

Na verdade, os próprios líderes frequentemente são conduzidos ou gerenciados por seus empregados, de baixo para cima – colegas de quem as ideias, a assistência, os argumentos e, por vezes, a obstinada resistência exercem real influência. Observar um talentoso secretário executivo em ação pode nos levar a indagar quem afinal gerencia quem.

Descobri que há dois tipos de bons empregados. Um deles é o assistente disposto e preparado para aceitar qualquer tarefa que lhe seja designada e executá-la com a máxima presteza e boa vontade. O outro é o que vai mais além, antecipando quais serão as necessidades e oferecendo soluções em vez de problemas, ideias em vez de queixas. Esse papel proativo raramente é solicitado, mas constitui uma importante função de liderança exercida por aqueles que não são vistos como líderes.

A força mais poderosa

A maioria das ações dos líderes não funciona, assim como a maioria dos surfistas perde mais ondas do que pega. Para complicar as coisas, tantos e tão diferentes são os tipos e estilos de liderança, e tão complexas as ações necessárias, que não há um modelo infalível a seguir.

E, no entanto, a liderança é a força mais poderosa que existe na terra. Pode-se até mesmo argumentar em favor de outras forças – ganância, territorialidade, culpa, medo, ódio, amor, espiritualidade –, mas, sem a liderança necessária para mobilizá-las, são forças relativamente frágeis. A liderança, portanto, merece muito mais atenção do que tem recebido, sobretudo se quisermos garantir que seja exercida de uma maneira que ajude nossas organizações a prosperar e nossa civilização a progredir.

Fonte: Richard Farson, *Management of the Absurd*, Simon and Schuster, 1997, pp. 144-47.

CONVERSAS DE CANTO NO ESCRITÓRIO
JOHN MACKEY CONVERSA COM KAI RYSSDAL

KAI RYSSDAL: Bem-vindo ao programa, John Mackey.

JOHN MACKEY: Obrigado. É um prazer estar aqui.

RYSSDAL: Muito bem. Eu tinha algumas horas para gastar antes de nos sentarmos para a entrevista; então, desci a escadaria para almoçar e duas coisas aconteceram. A primeira delas é que não consegui decidir o que ia comer, pois as opções eram inúmeras; a outra é que o lugar é tão grande que fiquei meio perdido. É isso que você tinha em mente 25 anos atrás?

MACKEY: Não. Vinte e cinco anos atrás? Não... Existe essa concepção um tanto equivocada de que tínhamos uma espécie de plano mestre e que segui esse plano mestre elaborado 25 anos atrás, mas... a coisa toda é um processo de descoberta, que fomos desenvolvendo ao longo do caminho.

Não posso dizer exatamente como a empresa vai estar daqui a cinco anos. Penso que a maioria dos CEOs que afirma saber como suas empresas estarão em cinco anos também está cometendo um grande erro. Ou está mentindo.

RYSSDAL: Mas você certamente deve ter um plano estratégico para a empresa... Não se trata apenas de tornar-se maior e expandir-se, certo?

MACKEY: Bem, quer dizer, é mais como... imagine um instante... Não é como se tivéssemos um mapa e seguíssemos esse mapa; é mais como se estivéssemos escrevendo esse mapa conforme seguimos em frente. Então, continuamos aprendendo e, à medida que aprendemos, vamos mudando o plano. Bem, vou dar um ótimo exemplo.

Em junho, vamos inaugurar a maior loja que já abrimos em Londres. A localização é excelente. Se essa loja se sair extremamente bem, como achamos que irá, tão bem quanto, digamos, nossas lojas de Nova York, então abriremos mais lojas no Reino Unido e provavelmente tentaremos mais alguma capital da Europa, digamos Amsterdã, Hamburgo, Paris, Milão, um lugar assim.

Mas, se a loja for um fracasso, certamente vamos ter que repensar a agressividade com que iremos entrar na Europa. Então, a coisa toda é um grande experimento, e os resultados desse experimento de certa forma nos dirão aonde podemos ir. Nossa primeira loja em Nova York foi um grande sucesso. Do contrário, não teríamos todas as outras lojas que abrimos em Nova York nem as que estão por abrir. Então, o plano continua evoluindo. Em outras palavras, continuamos a elaborá-lo conforme adquirimos mais informações.

RYSSDAL: Mas qual era o plano de curto prazo que vocês tinham em mente quando sentaram para conversar e disseram: "vamos abrir uma empresa chamada Whole Foods Market"?

MACKEY: Bem, na verdade, não tínhamos um plano definido. Minha namorada e eu tivemos a ideia de começar a empresa... porque achávamos que seria divertido. Era uma aventura. Imagine um casal de jovens que estão de mochilas prontas para a Europa e que sabem que terão três meses para passar lá, mas que não elaboraram um itinerário completo dizendo exatamente aonde ir, porque não sabem quem irão encontrar nem que tipo de aventuras terão... [O] plano só vai se revelar ao longo do caminho.

É mais ou menos assim que a Whole Foods foi criada.

RYSSDAL: Mas por que mantimentos e comida? Por que não sapatos, roupas, ou outra coisa qualquer?

MACKEY: Bem, a pergunta é justa. Comecei a me interessar por comida quando tinha mais ou menos 20 anos. Então, passei a viver numa cooperativa de vegetarianos... Não era vegetariano, mas calculei que encontraria muitas mulheres interessantes por lá.

[Risos]

E...

RYSSDAL: E?

MACKEY: E realmente encontrei... Foi lá que encontrei a namorada com quem iniciei a empresa. Então, aprendi a cozinhar e me tornei o responsável pela compra de comida da cooperativa. Adquiri grande interesse por comida; tive uma espécie de "despertar" para o que havia acontecido com nossa comida ao longo dos anos, [como]... ela havia se tornado mais industrializada; adquiri um bom conhecimento sobre alimentos orgânicos, aprendi a cozinhar. Foi assim que comecei a me interessar por comida.

E, então... fui trabalhar em um mercadinho de alimentos naturais. Foi a primeira vez que trabalhei em um estabelecimento desse tipo, e a primeira vez que trabalhei numa loja de varejo – e adorei a experiência. Levei a ideia à minha namorada... "Ei, por que não abrimos nossa própria lojinha", e ela adorou. Então, começamos a incomodar todo mundo que conhecíamos e conseguimos levantar 45 mil dólares para abrir nossa primeira loja.

RYSSDAL: E tiveram alguns problemas reais com a primeira loja?...

MACKEY: Não sabíamos em que estávamos nos metendo... perdemos 23 mil dólares no primeiro ano – metade do dinheiro que havíamos conseguido. Mas, como aprendo as coisas rapidamente, tivemos um pequeno lucro no segundo ano... A primeira coisa que percebi foi que a loja era pequena demais e que, se realmente quiséssemos ser bem-sucedidos e estar em condições de competir, precisávamos nos transferir para um local maior.

RYSSDAL: É engraçado, porque essa não é uma daquelas coisas intuitivas. As pessoas não pensam necessariamente que, se estão administrando um negócio, precisam ficar maiores para ter sucesso.

MACKEY: Foi exatamente o que os investidores me disseram.

[Risos]

Eles me disseram: "Olha, John, estamos felizes que agora somos rentáveis", ou então: "Estamos felizes que você esteja lucrando... Então, por que não continuamos aqui mais alguns anos e recuperamos parte do investimento?". Eu respondia: "Ora, porque acho que, ficando aqui, não seremos competitivos a longo prazo". Ainda assim eles resistiam e basicamente diziam: "Veja, não queremos colocar mais dinheiro nisso, mas, se você encontrar outros investidores, vamos reconsiderar". A estratégia básica deles é que não achavam que haveria alguém estúpido o bastante para investir no negócio... [Mas] fui muito persuasivo.

Creio que os empreendedores são indivíduos que acreditam realmente em seus sonhos e que conseguem vendê-los e persuadir outras pessoas a sonhar com eles.

RYSSDAL: Como tornar-se empreendedor mudou você?

MACKEY: Como não me mudaria? Quer dizer, hoje sou uma pessoa totalmente diferente de quando tinha 24 anos... [Q]ualquer escolha que fazemos na vida afeta nossa maneira de ser. Aprendi muito mais sobre as pessoas; aprendi muito mais sobre mim mesmo. Certamente aprendi um bocado sobre negócios. Cresci tremendamente, penso, como ser humano. Hoje sou mais criterioso, mais gentil, mais afetuoso e um líder melhor.

Estou um pouco mais maduro agora do que quando tinha 24 anos, embora minha esposa talvez discorde...

RYSSDAL: Talvez valha a pena mencionar aqui que você não possui uma formação específica em negócios. Nenhum MBA, nenhuma coisa desse tipo.

MACKEY: Tenho a formação perfeita: estudei filosofia.
[Risos]

RYSSDAL: Excelente.

MACKEY: Eu não tinha ideias preconcebidas... Não sabia como a coisa supostamente "devia" ser feita. Não tinha pré-concepções sobre como os negócios deviam ser feitos. Isso... significou que cometi erros, reinventei... reinventamos a roda algumas vezes, mas não sabia o que não podia fazer. Então, estava livre... estávamos livres para ser criativos e inventivos, para tentar maneiras novas de fazer as coisas... A Whole Food é uma empresa inovadora sob diversos aspectos; é um tipo de organização diferente da maioria das corporações.

RYSSDAL: De fato, acho que li em algum lugar, enquanto pesquisava para esta entrevista, que pensar a inovação ano após ano é a chave para o futuro da Whole Foods, para mantê-la no caminho de crescimento que trilhou até aqui.

MACKEY: Sim, com certeza.

RYSSDAL: E o que há ainda para inovar nesse espaço além da oferta de alimentos mais orgânicos, mais naturais?

MACKEY: Bem, vou lhe dar uma resposta evasiva para essa pergunta. De certa forma é como quando você me perguntou sobre o plano... Não sei qual será o plano a longo prazo nem quais serão as inovações... se soubéssemos quais seriam elas, já as teríamos realizado, não? A criatividade é algo que vem de dentro de nós, um processo de certa forma misterioso; quer dizer, certamente existem muitos estudos sobre o tema, mas você reúne partes diferentes de informação, novas combinações são produzidas e, *voilà*, eis que surge a criatividade.

O principal é que a Whole Foods tem essa atitude experimental, inovadora, então estamos constantemente tentando coisas novas. Toda loja, de certa forma, é um experimento, e a razão disso ser importante é que, ao contrário de muitas varejistas, digamos... a Starbucks ou o McDonald's, por exemplo, que surgem com um protótipo de loja e, então, passam a reproduzi-lo vezes e mais vezes (não que elas não façam mudanças – podem até desenvolver seu protótipo – mas ainda assim estão fazendo como fazem com os biscoitos, um tipo de loja muito similar), nós somos como construtores de residências personalizadas... cada loja é única, cada loja é um experimento, cada loja cria novas inovações, de modo que não estamos fazendo a mesma coisa vezes mais vezes.

Fonte: Trecho transcrito de entrevista publicada na revista *Market Place*, da American Public Media, 26 fev. 2007. "Whole Foods CEO John Mackey talks with Kai Ryssdal".

UMA CELEBRIDADE EXECUTIVA NÃO FAZ UMA EMPRESA
POR JOHN KAI

O preço das ações da Hewlett-Packard disparou quando Carly Fiorina foi nomeada diretora-executiva da empresa, em 1999, e tornou a disparar quando de sua demissão, na semana passada. Nesse ínterim, caiu mais que a metade.

A sra. Fiona foi contratada pela Hewlett-Packard junto à Lucent, que à época voava alto. A HP, outrora o nome mais reverenciado do Vale do Silício, estava à procura de uma pessoa de qualidade excepcional para restaurar a sorte da empresa. Carly Fiorina – que, ao que consta, costumava meter uma bola de meia no interior da calcinha para mostrar ao pessoal de vendas que tinha colhões – parecia preencher esse requisito.

Disputas de beleza por talentos executivos são bastante comuns nos dias de hoje. A caça competitiva pelos melhores profissionais de outras organizações sugere que habilidades gerais de gestão são mais importantes que o conhecimento organizacional específico, e que indivíduos sumamente talentosos, com sua visão e carisma, podem transformar sozinhos as empresas em que atuam. *Searching for a Corporate Saviour*, de Rakesh Khurana, e *Managers not MBAs*, de Henry Mintzberg, dissecam cruelmente essas falácias.

A sra. Fiorina fez exatamente o que se espera dos líderes transformacionais. Empreendeu uma ofensiva de relações públicas. No interior da empresa, o "café com Carly" tomou conta do "estilo HP". Nas aparições públicas, o cabelo imaculadamente desgrenhado da principal executiva da América não tardou a fazer dela a figura empresarial mais conhecida do país.

Fiorina exigia dos subordinados rodadas de redução de custos. Às vezes economias como essa geram maior eficiência, outras vezes fazem ruir as perspectivas de longo prazo da empresa. Na ausência de um conhecimento mais íntimo da organização em apreço, é difícil opinar a esse respeito. Mas não importa: em ambos os casos, o processo aumenta os lucros por ação no curto prazo.

Mas o verdadeiro teste do "salvador corporativo" é saber se é capaz de conseguir o grande negócio. A sra. Fiorina fez inicialmente uma oferta pelo negócio de consultoria da PricewaterhouseCoopers, apenas para descobrir que muitos dos sujeitos dogmáticos daquela empresa não estavam entusiasmados com a ideia de fundir-se com uma organização sob sua liderança. E, apesar de ter concluído a aquisição da debilitada Compaq, os resultados considerados decepcionantes mais tarde fizeram a sra. Fiorina pagar o preço.

A lição da Hewlett-Packard não consiste simplesmente em provar que a sra. Fiorina não estava à altura do trabalho, mas em mostrar que o papel para o qual tão prontamente escalou a si mesma não é do tipo em que se tende a tér sucesso [sozinho].

Grandes empresas dependem do talento de milhares de pessoas, não de uma só

Nem sempre é um equívoco contratar alguém de fora para ocupar um alto posto corporativo. É uma medida que pode ser particularmente eficaz quando a cultura da organização tornou-se tão disfuncional que recomeçar do zero é quase uma necessidade. Mas o *outsider* que traz seu próprio plano de ação preconcebido invariavelmente tende a fracassar: a melhor abordagem para essa tarefa é encontrar e liberar a energia frustrada já presente na empresa. Como os representantes norte-americanos no Iraque podem atestar, tal reconstrução não é uma tarefa fácil. Há também um papel empresarial para personalidades maiores que a vida – como Bill Hewlett e Dave Packard. A principal contribuição de figuras como essas se dá nos estágios iniciais do desenvolvimento corporativo, quando o posicionamento, a identidade e os valores da empresa precisam ser estabelecidos.

Mas há um mundo de diferença entre os atributos apropriados ao empreendedor que funda o negócio e as habilidades políticas necessárias ao gestor eficiente de uma grande organização. Henry Ford definiu os produtos e a tecnologia da indústria automobilística, mas foi Alfred Sloan, na General Motors, quem fixou as estruturas necessárias para geri-los, algo de que o próprio Ford era incapaz. Tem sido elegante – e lucrativo – para os consultores, gurus e especialmente para os diretores-executivos ofuscar a distinção entre o empreendedor e o gestor profissional. No entanto, os resultados disso geralmente têm sido infelizes – como no caso da HP – e frequentemente desastrosos – como na WorldCom ou na Vivendi.

Grandes empresas dependem do talento de milhares de pessoas, não apenas de uma. Sua gestão requer uma multiplicidade de talentos incompatíveis: visão e atenção aos detalhes, inteligência emocional e capacidade analítica, autoconfiança e autocrítica. Os gestores mais eficientes possuem um equilíbrio idiossincrático de atributos apropriados para as situações que enfrentam, e o conjunto de habilidades exigidas pelas empresas bem-sucedidas precisa ser procurado em toda uma equipe, e não numa única personalidade. Filas de paletós podem ser menos fotogênicas que Carly Fiorina, mas são elas que realmente fazem a empresa moderna funcionar.

Fonte: John Kay, Financial Times, 15 February 2005.

REGRAS PARA SER UM LÍDER HEROICO
POR HENRY MINTZBERG

- Não olhe para dentro, olhe para fora. Na medida do possível, ignore a empresa existente, pois tudo o que está estabelecido leva tempo para consertar. Deixe isso para quem ainda não foi "enxugado".
- Seja dramático. Feche contratos e prometa o mundo para atrair a atenção da comunidade de investidores. Em particular, mostre obsessão por fusões: corra atrás de outras empresas estabelecidas – mais vale um diabo conhecido que um anjo por conhecer.
- Concentre-se no presente. O passado é passado, está morto, e o futuro está longe. Feche aquele negócio dramático *hoje*.
- Dentro da empresa, favoreça os de fora da empresa; qualquer pessoa que conheça o negócio é suspeita. Traga toda uma nova "equipe executiva". Confie especialmente nos consultores – eles apreciam líderes heroicos.
- Para conduzir os de dentro da empresa, recorra aos números. Assim você não precisará gerenciar o desempenho tanto quanto julgá-lo.
- Mude tudo o tempo todo. Em particular, reorganize constantemente; isso deixa todos em estado de alerta (em vez de plantados). Recuse mudar esse comportamento, sejam quais forem as consequências.
- Esteja disposto a correr riscos. Sua indenização milionária (*golden parachute*) o protegerá.
- Acima de tudo, aumente o preço daquela ação. Então, pegue o que puder e caia fora. Heróis são muito procurados.

Fonte: Henry Mintzberg, "Heroic Leader", in *Managers not MBAs: A hard look at the soft practice of managing and management development*, FT/Prentice Hall, 2004, pp. 110-11.

UM MERGULHO NAS TREVAS
POR R. R. RENO

...Os alpinistas se valem de um termo da vida romântica para descrever a diferença: compromisso. Em um despenhadeiro local, se ficamos cansados no começo da tarde, ou se nuvens de tormenta avizinham-se ameaçadoramente, então podemos dar o trabalho por encerrado e rumar para casa para uma boa cerveja. Em uma grande escalada, no entanto, a coisa não é tão simples. O compromisso não se resume meramente a uma questão de tamanho e dificuldade. Nas montanhas, o tempo, as geleiras e a queda de rochas criam um ambiente de perigo. Os alpinistas precisam andar rápido, não apenas para completar uma longa escalada em um período de tempo razoável, mas, o que é mais importante, para minimizar sua exposição ao risco. Velocidade equivale à segurança, e os montanhistas sérios precisam ser decisivos, ousados e confiantes. Não há tempo para medidas extras de segurança.

O elemento do compromisso é o que contribui para a aventura. Definimos um objetivo que não pode ser facilmente alcançado – um objetivo no qual o insucesso acarretará grande sofrimento – e, então, nos desfazemos dos amparos óbvios e bloqueamos as vias de fuga. Em vez de reunir uma tripulação em um barco maior, mais seguro, o marinheiro se lança solitário no Oceano Atlântico. Em vez da gentil e ensolarada cordilheira que o levará até o cume, o montanhista escolhe as trevas e os perigos da face norte.

São escolhas misteriosas, mas não creio que sejam pouco familiares. O termo *aventureiro* foi usado pela primeira vez para descrever o mercenário, o homem que entretém os perigos da batalha não para defender a pátria ou cumprir seu dever, nem mesmo pela vitória ou pelo espólio do inimigo batido, mas para viver como quem desafia a morte. Ele arrisca sua sorte, romantiza a *Fortuna*, confiante de que sua destreza com a espada o levará ao triunfo.

Qualquer um que tenha bebido bastante cerveja pode meter-se em um equipamento de bungee-jump e jogar-se de uma ponte

Em grande medida, esse significado básico de aventura permaneceu constante, ainda que a gama de atividades que consideramos aventurosas tenha se expandido para muito além das façanhas de d'Artagnan e seus companheiros. Eis por que o alpinismo, a navegação solitária ou o esqui extremo em nada se parecem com a busca de emoções representada pelo *bungee jump*, tampouco é simplesmente uma questão de colecionar cumes. Qualquer um que tenha bebido bastante cerveja pode meter-se em um equipamento de *bungee jumping* e se jogar de uma ponte; uma vez que se pule, o resto consiste simplesmente em gritar e deixar que o mecanismo carnavalesco faça o seu trabalho. Quanto a cumes, podemos dirigir até o Pike's Peak ou voar de helicóptero até o Grand Teton. O alpinismo sério consiste em chegar ao topo por uma rota que teste nossa competência ante as dificuldades – e nossa determinação frente ao perigo.

O verdadeiro aventureiro não age com imprudência. Ele precisa avaliar suas capacidades com realismo e escolher objetivos razoáveis. O marinheiro examina a si mesmo e pondera suas habilidades, e só então decide que pode cruzar o Atlântico em um pequeno barco. O alpinista faz uma lista de suas experiências e julga que é capaz de escalar picos mais remotos por rotas mais difíceis. Mas, à medida que é dado o próximo passo, menor é a margem de segurança. Mau tempo, más decisões, má sorte – todos esses fatores somam forças cada vez maiores contra a competência e a determinação. É por isso que as melhores aventuras comportam uma estranha combinação de emoções: uma forte expectativa de sucesso em consonância com toda sorte de dúvidas e inquietações ante as consequências de um fracasso...

Fonte: R. R. Reno, "A descent in the dark", CommentaryMagazine.com, November 2008.

LIDERANÇA E SENSO COMUNITÁRIO
POR HENRY MINTZBERG

Temos verdadeira obsessão por "liderança". Seu propósito talvez seja conferir poder às pessoas, mas seu efeito é retirar-lhes o poder. Ao centrar-se no indivíduo, mesmo no contexto coletivo, a liderança pode arruinar um serviço de caráter comunitário. Isso é parte da síndrome da individualidade que tem varrido o mundo e solapado as organizações em particular e a sociedade em geral.

Uma liderança apenas suficiente

É claro que a liderança é importante. E é claro que pode fazer a diferença. Mas quantas vezes não se exagerou a importância desse fato, a ponto de convertê-lo numa tautologia? Mostre à imprensa uma organização bem-sucedida e ela lhe mostrará um grande líder – procedimento bem mais simples que tentar descobrir o que realmente aconteceu. "Em quatro anos, Gerstner agregou mais de 40 bilhões de dólares ao valor das ações da IBM", proclamava a *Fortune* em 1997 (14 abr.). Tudo isso sozinho!

Quando a liderança é importante, como provavelmente foi importante no caso de Gerstner, que espécie de liderança é essa? A liderança heroica exaustivamente retratada na imprensa – o grande líder a irromper montado em seu grande cavalo branco para salvar o dia, ainda que só tenha chegado na véspera e que mal conheça a organização, sua história, sua cultura? Não raro essa tem sido a fórmula do desastre. Segundo reportagem ("Waking Up IBM", de Gary Hamel, *Harvard Business Review*, 7-8, 2000), a IBM ingressou no mercado do *e-business* porque um programador com uma ideia convenceu um gerente de pessoal com mais *insight* que verba a reunir uma equipe que implementasse a mudança. Que papel teve Gerstner nisso? Ao tomar conhecimento da iniciativa, ele a incentivou. Eis tudo. Em vez de estabelecer uma direção, ele apoiou a direção estabelecida por outros. Gerstner exerce menos liderança. Mas uma liderança adequada. Uma liderança suficiente! O que poderia ser mais simples, mais natural do que isso?

Para começar, reconheçamos que separar liderança e gestão é parte do problema. Alguém gostaria de trabalhar para um gestor que carece das qualidades de um líder? Isso pode ser bastante desestimulante. E o líder que não gerencia? Isso pode ser um tanto alienante: a tendência é ele não saber o que está acontecendo. (Atualmente, distinguimos líderes de gestores; meio século atrás, Peter Drucker distinguiu gestores de administradores – e tinha exatamente a mesma ideia em mente! E continuamos evoluindo: logo, logo estaremos distinguindo deuses de heróis.)

Ouvimos um bocado de coisas sobre microgerenciamento os dias de hoje – gestores que metem o nariz no trabalho de seus empregados. Certamente isso pode ser um problema. Mas muito mais problemático é o macrogerenciamento – gestores que se instalam no "topo", pronunciando suas visões grandiosas, suas grandes estratégias e seus asfixiantes padrões de desempenho, enquanto os demais precisam correr feito loucos para "implementá-los". Chamo isso de gestão por juízo pessoal.

Há muita liderança desconectada neste mundo – a liderança sobrevalorizada, individualizada e descontextualizada tão popular na imprensa e nas salas de aula. Cursos e programas de MBA que alegam criar líderes só fazem promover a arrogância (*hybris*). Nenhum líder jamais foi criado numa sala de aula. A liderança se desenvolve dentro de um contexto, quando adquire sua principal característica: a legitimidade. Basta desses jovens inexperientes que saem por aí proclamando-se "líderes" ou, pior ainda, "jovens líderes" (quem saberia apontar a diferença?) só porque algum curso ou instituição derramou a água benta da "liderança" sobre as cabeças de pessoas que mal conhecia.

Liderança imposta *versus* liderança conquistada

Sobretudo nos dias de hoje, a liderança passou a ser ilegítima, selecionada por *outsiders* e imposta às organizações ou ás suas unidades. Um conselho de administração ou uma gerência sênior formada basicamente por gente de fora não raro se deixa encantar por um candidato cuja prática interna de gestão jamais experimentou. É realmente notável que as pessoas que mais conhecem os candidatos – tendo sido conduzidas ou ao menos gerenciadas por eles – raramente são consultadas sobre tais escolhas. O atual embaixador dos Estados Unidos na ONU foi descrito, durante as audiências do Congresso norte-americano sobre a seleção, como um sujeito do tipo traiçoeiro. O mundo está carregado de "líderes" com esse perfil.

A verdadeira liderança é conquistada – internamente, se preferir – na unidade, na organização ou mesmo no país que não apenas aceitou a gestão de um indivíduo, mas que buscou tal gestão e posteriormente a apoiou com entusiasmo. Quantas empresas e países podem hoje se orgulhar de serem capitaneadas por pessoas com tal legitimidade? Quantos chefes de estado foram aclamados pela esmagadora vontade popular, como, digamos, Nelson Mandela na África do Sul?

"Senso comunitário"

Mas, mesmo isso exagera o argumento a favor da liderança. As pessoas procuram líderes, obviamente, mas costumam enganar-se quando confundem líderes com liderança. O que precisamos, em outras palavras, é de mais daquilo que chamamos de "liderança distribuída" – um papel fluido, compartilhado por várias pessoas em um grupo, conforme sua capacidade e à medida que as condições mudam. Não é assim que o Sistema Operacional Linux e a Wikipédia funcionam?

Mas chamar isso de liderança realmente diminui-lhe a importância, visto que sua efetividade não reside tanto nos indivíduos quanto no processo social coletivo – essencialmente, na comunidade. Toda vez que empregamos a palavra liderança, portanto, temos de ter em mente que ela isola o indivíduo enquanto considera os demais como seguidores. É esse o tipo de mundo que queremos: formado predominantemente por seguidores? Será que assim nossas instituições e/ou sociedades serão melhores?

Nossa obsessão pela liderança, qualquer que seja, nos leva a construir organizações inteiramente dependentes da iniciativa individual. Não permitimos que funcionem como comunidades. Assim, quando malogram, culpamos o líder e procuramos outro melhor. Como os viciados em drogas, cada vez precisamos de uma dose maior.

Considere aquele organograma onipresente, com seus *boxes* estúpidos indicando gestores de nível "superior", "intermediário" e "inferior". Trata-se tão somente de uma metáfora distorcida: o que ela nos diz, além de quem tem autoridade sobre o quê? (A pintura pode não ser o cachimbo em si mesmo, mas, para muitas pessoas, esse gráfico é a organização em si mesma.) Já é hora de começarmos a pensar em nossas organizações como comunidades de cooperação – e, ao fazê-lo, pôr a liderança em seu devido lugar: não suplantada, mas ao lado de outros importantes processos sociais.

> **Já é hora de começarmos a pensar em nossas organizações como comunidades de cooperação – e, ao fazê-lo, pôr a liderança em seu devido lugar: não suplantada, mas ao lado de outros importantes processos sociais**

O que deveria estar superado é essa "bala de prata" do indivíduo como solução para os problemas do mundo? Nós somos a solução para os problemas do mundo – eu e você – quando trabalhamos juntos. Na verdade, essa obsessão pela liderança é a causa de grande parte dos problemas do mundo.

Livre-se do culto à liderança; desfira ao menos uma bofetada em nossa crescente obsessão pela individualidade. Não se trata de criar um novo culto em torno da liderança distribuída, mas de reconhecer que o próprio uso da palavra liderança inclina o pensamento na direção do indivíduo e para longe da comunidade. Não apenas precisamos de uma melhor liderança: precisamos também de menos liderança.

Que tal se desafiarmos cada discurso, programa, artigo e livro que utilize a palavra "liderança" mas não dispense igual atenção ao "senso comunitário", de uma forma ou de outra? Isso poderia ter implicações profundas, não apenas para a efetividade de nossas organizações, mas também para a democracia de nossas sociedades.

Fonte: Partes deste artigo foram publicadas, sob o título "Enough leadership", em *Harvard Business Review* (nov. 2004) e *Financial Times* (nov. 2004). Reimpresso com permissão de *Harvard Business Review*, © de Harvard Business School Publishing Corporation; todos os direitos reservados.

**O homem age igual ao macaco, que, quanto mais alto sobe, mais mostra o rabo.
Sir Francis Bacon**

CAPÍTULO 4
MITOS DA GESTÃO

Ano após ano os apreensivos e os alarmistas vinham até mim com previsões terríveis sobre guerras prestes a eclodir. E a cada vez eu as negava. Errei apenas duas vezes! [Pesquisador do Ministério das Relações Exteriores da Grã-Bretanha de 1903 e 1950.]

Passamos agora aos mitos da gestão. A gestão manteve uma longa história de amor com a racionalidade formal. "Mastigue os números", introduza os sistemas certos, elabore seu plano de ação (um oximoro) e o Santo Graal será seu. Como explicá-lo? Talvez isso reflita nossa obsessão por controle – a necessidade que temos de controlar primeiro as coisas físicas, depois as coisas sociais e, finalmente, uns aos outros. Ou talvez traduza nossa busca desesperada por conforto e segurança em face das incertezas.

Escolher as peças deste capítulo foi uma diversão e tanto. Nosso primeiro mito lança um olhar descontraído sobre a coqueluche da década – a terceirização. O orgasmo de sua organização poderia estar na terceirização do CEO. Por que não? Talvez ele seja o único que sobrou. A seguir, Danny Miller e John Hartwick examinam as razões que levam os modismos gerenciais a ser tão populares, concluindo que, "se parece simples demais para o trabalho, é porque provavelmente é". Na seção seguinte Henry Mintzberg reflete sobre uma série de mitos da gestão, inclusive "os pontos fracos dos dados quantitativos", concluindo com um ataque aos próprios locais em que esses mitos são perpetrados.

Os estudiosos há muito são fascinados pelos vieses e distorções que exibimos, especialmente ao processar informações. Spyros Makridakis, uma das principais autoridades em previsões, mostra de uma maneira um tanto deprimente como esses elementos contaminam muitas de nossas decisões.

Seja como for, os arquitetos dessas decisões – esses CEOs fanfarrões – continuam a acumular uma dinheirama. Por quê? Porque são jogadores ousados, afeitos a correr riscos, como muitos deles nos dizem. Uma vez mais: pense de novo. A seção" CEOs: Certos jogadores" conclui revelando o blefe desses vertiginosos CEOs. Mas não tenha medo. Embora pareçam sempre ganhar, cercados que são por toda aquela grana, talvez sejam eles os verdadeiros perdedores.

TERCEIRIZANDO OS TERCEIRIZADORES

Montreal, 28 de março de 2005. A Air Maple Leaf anunciou hoje a terceirização do Escritório do Presidente, CEO e *Chairman*, a realizar-se a partir do dia 30 de abril, para o restante do ano fiscal corrente e além.

"No fim das contas, a redução dos custos será bastante significativa", garante um porta-voz da Air Maple Leaf. "Definitivamente, não podemos mais arcar com toda essa ineficiência e nos mantermos competitivos no cenário mundial", completou.

Rahdpoor Nahassbaalapan, 23, da Indus Teleservices, Mumbai, Índia, assumirá o Escritório do Presidente, CEO e *Chairman* a partir de 1º de maio. Receberá um salário mensal de 360 dólares canadenses, com benefícios proporcionais. O sr. Nahassbaalapan manterá seu escritório na Índia e trabalhará basicamente à noite, devido à diferença de fuso horário entre o Canadá e a Índia.

"Estou empolgado por atuar nesse posto", revelou o sr. Nahassbaalapan em entrevista exclusiva. "Sempre soube que meu trabalho no *call-center* da Air Maple Leaf me traria grandes alegrias".

Conforme observou um porta-voz da Air Maple Leaf, o sr. Nahassbaalapan possui ampla experiência em oratória e recebeu o roteiro de decisões do CEO para que pudesse responder a qualquer questão sem precisar entender do assunto.

O conselho da Air Maple Leaf continua a explorar outras possibilidades de terceirização, incluindo suas mais de 100 vice-presidências.

Fonte: Adaptado de um *e-mail* que circulou em Montreal na primavera de 2005, aparentemente inspirado por histórias semelhantes sobre a presidência dos Estados Unidos. Sua autenticidade, e muito menos sua fonte, não puderam ser confirmadas.

IDENTIFICANDO MODISMOS GERENCIAIS
POR DANNY MILLER E JON HARTWICK

O que os torna tão populares é o que acaba por miná-los.

TQM. MBO. Gestão japonesa. Como as tendências da moda, os modismos gerenciais invadem a cena, gozam certo período de proeminência e, por fim, são suplantados. Mas o que será que os torna tão atraentes? E como os gestores podem reconhecer, no modismo de uma ferramenta, algo que poderá durar?

Para descobrir a resposta, estudamos boa parte dos mais populares modismos do mundo empresarial nos últimos 40 anos, procurando ideias que seguissem a trajetória característica da súbita proeminência à obscuridade. Examinando 1.700 publicações acadêmicas, profissionais, comerciais e de negócios ao longo de 17 anos, observamos a ascensão e queda de muitos modismos empresariais.

Embora o termo "modismo" soe desdenhoso, não é: modismos, como a TQM, podem mudar as empresas profundamente para o bem ou para o mal. E podem introduzir ideias úteis que as organizações incorporam à sua prática mesmo quando o próprio modismo desaparece da cena. No entanto, os modismos geralmente não cumprem o que prometem, fato que contribui para seu breve ciclo de vida e rápido declínio. No decurso de nosso trabalho, descobrimos oito qualidades compartilhadas pela maioria das empresas. Examinemos essas qualidades conforme se aplicam a três modismos: a gestão da qualidade total, a gestão japonesa e a gestão por objetivos.

Modismos são...

Simples. Conceitos da moda são fáceis de compreender e comunicar, e tendem a ser constituídos de rótulos, jargões, listas e acrônimos. Normalmente, alguns pontos-chave transmitem uma mensagem fundamental. A TQM, por exemplo, está assentada sobre cinco pilares essenciais. No entanto, por serem por sua própria natureza adequados a um mundo simples, os modismos têm utilidade limitada no mundo real.

Modismos geralmente não cumprem o que prometem, fato que contribui para seu breve ciclo de vida e rápido declínio

Prescritivos. Os modismos dizem aos gestores o que fazer. MBO, Teoria Z, TQM – todos indicam que ações específicas devem tomar para solucionar problemas ou melhorar suas empresas. Ainda que as idéias fundamentais de um modismo possam ser plausíveis, a necessidade de serem simples, mas prescritivas facilita a má interpretação e aplicação de seus itens de ação. Seria um grande erro adaptar alegremente o emprego vitalício e as promoções por tempo de serviço típicos da gestão japonesa a cargos tecnológicos altamente especializados!

Falsamente promissores. Os modismos prometem resultados como maior efetividade, trabalhadores mais motivados e produtivos e clientes profundamente satisfeitos. Na realidade, porém, os modismos são melhores em suscitar esperanças do que em produzir resultados e geralmente não especificam critérios claros para avaliar se uma implementação foi bem sucedida ou não.

Padronizados. Os modismos alegam relevância universal, propondo práticas que os adeptos dirão aplicáveis a qualquer setor de atividade, organização ou cultura – desde a General Motors até as burocracias governamentais, passando pelos minimercados. No entanto, poucas são as abordagens gerenciais universalmente aplicáveis, e as tentativas de implementar uma abordagem inadequada podem mais prejudicar que trazer benefícios. As práticas de gestão japonesa podem ser transplantadas de maneira deficiente para outras culturas; e a TQM talvez não seja apropriada para muitos fabricantes de artigos básicos.

Poucas abordagens gerenciais são universalmente aplicáveis, e as tentativas de implementar uma abordagem inadequada podem trazer mais prejuízos do que benefícios.

Fáceis de reproduzir. Pela necessidade de serem simples e fáceis de aplicar, os conceitos gerenciais da moda favorecem uma implementação parcial. Por exemplo, pode-se obter um círculo de qualidade simplesmente tendo um número prescrito de pessoas comparecendo a reuniões regulares. A implementação parcial significa que certos atributos de uma ferramenta da moda podem ser "enxertados" em procedimentos operacionais padronizados e localizados dentro alguns comitês ou departamentos. Fora desses círculos são os mesmos negócios de sempre – o que significa dizer que os modismos raramente desafiam o *status quo* a ponto de exigir uma redistribuição significativa de poder ou recursos.

Sintonizados com o Zeitgeist. Os modismos ecoam os problemas mais prementes do dia a dia das empresas. O MBO ganhou popularidade com o advento de negócios diversificados que exigiam coordenação e controle por parte de gestores generalistas. A gestão japonesa difundiu-se no momento em que os Estados Unidos começaram a perder participação de mercado para empresas japonesas e europeias, na maioria das vezes devido à falta de qualidade de seus produtos. Por centrar nas preocupações do momento, os modismos tendem a aplicar-se a alguns problemas específicos, deixando de abordar as deficiências ou qualidades fundamentais do conjunto das práticas empresariais.

Originais, mas não radicais. Os modismos costumam despertar a atenção por sua aparente originalidade. Apesar disso, seu "frescor" geralmente é superficial, razão pela qual os modismos não desafiam excessivamente os valores gerenciais básicos. Muitos deles simplesmente reciclam ou ampliam conceitos ou abordagens há muito adotados pelos gestores. Boa parte da abordagem do MBO provém da literatura sobre planejamento; a ideia do gerente-minuto foi tomada como empréstimo do MBO; a Teoria Z deriva da Teoria X.

Legitimados por gurus e discípulos. Muitos modismos adquirem credibilidade em função do *status* ou prestígio de seus proponentes ou seguidores, e não de evidências empíricas. Ademais, histórias de heróis corporativos e êxitos organizacionais sugerem adeptos prestigiosos. Por exemplo, o consultor W. Edwards Deming está inextricavelmente associado à TQM como o arquiteto dos 14 Pontos da Gestão.

As mesmas características que respondem pela popularidade dos modismos também contribuem para seu declínio. Sua simplicidade, suposta generalidade e a promessa de resultados que quase sempre não se materializam praticamente asseguram que ficarão aquém das expectativas dos gestores – e logo serão abandonados.

Qualidades clássicas

Se essas são as marcas dos modismos, o que torna a gestão algo clássico? Considere a diversificação, a descentralização, a terceirização e a gestão da cadeia de suprimentos. Ao contrário da maioria dos modismos, esses prováveis clássicos demandam mudanças organizacionais reais a um custo significativo, e os efeitos que produzem são duradouros. Clássicos geralmente não nascem de publicações de acadêmicos ou consultores, mas resultam das respostas de profissionais aos desafios econômicos, sociais e competitivos. São complexos, multifacetados e aplicam-se de maneiras diferentes a diferentes negócios. Clássicos não vêm com cartilhas ensinando como implementar as mudanças que propõem; tampouco contêm regras simples que todos devem seguir ou resultados garantidos.

Não há um teste perfeito para distinguir o clássico do passageiro; na verdade, seus atributos se sobrepõem. Modismos por vezes podem desencadear importantes mudanças organizacionais, mesmo quando efêmeros. E os clássicos, é claro, também podem ter seus gurus – basta pensar na associação de Peter Drucker com a descentralização. No entanto, se uma abordagem gerencial compartilha a maioria das características de um modismo descritas aqui, tenha cuidado. Se parece simples demais para o trabalho, é porque provavelmente é.

Logo, ao avaliar uma abordagem ou técnica gerencial, os gestores devem fazer as seguintes perguntas: A abordagem possui um histórico de desempenho e resultados mensuráveis em empresas semelhantes que tenham enfrentado desafios semelhantes? Ela contempla os problemas ou oportunidades de maior prioridade para nossa empresa? As mudanças que exigiria estão dentro das capacidades e recursos de nossa empresa? Respostas positivas a tais questões sugerem uma abordagem provavelmente lucrativa e duradoura.

Fonte: Reimpresso com permissão de *Harvard Business Review*. Retirado de "Spotting Management Fads", de Danny Miller e Jon Hartwick, 1 October 2002. © Harvard Business School Publishing Corporation; todos os direitos reservados.

Ele saiu correndo da sala, saltou em seu cavalo e partiu em disparada em todas as direções. **Stephen Leacock**

REFLEXÕES SOBRE GESTÃO
POR HENRY MINTZBERG

A gestão é um fenômeno curioso: generosamente remunerado, enormemente influente e significativamente destituído de bom senso. Ao menos o estardalhaço em torno dele carece de bom senso, como também parte considerável de sua prática...

Essas preocupações vinham se avolumando em minha mente durante anos, quando um acontecimento em particular os congelou. Fui convidado a pronunciar um discurso no Fórum Econômico Mundial de Davos, na Suíça, em 1995; a fim de discutir possíveis tópicos para a apresentação, visitei a diretora-executiva Maria Cattaui em seu escritório, nas proximidades de Genebra. A princípio, propus uma apresentação sobre governo e sugeri que me concedesse mais tempo para tratar o tópico de maneira apropriada. "Na verdade, preferia que você falasse sobre gestão", ela respondeu. "Além disso, o intervalo de atenção de muitos diretores-executivos é de cerca de 15 minutos".

Fui para casa, pensei sobre o assunto e decidi responder na mesma moeda... Listei 10 pontos numa folha de papel sob o título "Reflexões sobre Gestão" e mandei-os por *fax* a Maria Cattaui. Felizmente, ela era uma pessoa aberta – e me deu todo o apoio. Então, foi isso que apresentei em Davos: 10 pontos, reduzidos a pedido dela para 10 minutos, uma reflexão sobre gestão por minuto.

Como a *Harvard Business Review* é ainda mais aberta, posso agora desenvolver minhas reflexões em um espaço um pouco mais extenso, ao menos a última delas...

1. As organizações não têm "altos" e "baixos. Tais termos não passam de metáforas equivocadas. O que há realmente nas empresas são as pessoas externas, conectadas ao mundo, e as internas, desconectadas dele, além dos muitos gestores ditos intermediários, que procuram desesperadamente conectá-las umas às outras.

Quanto mais cedo pararmos de falar sobre alta gerência (ninguém se atreve a dizer *baixa* gerência), melhor estaremos. Afinal, as organizações estão espalhadas geograficamente; portanto, mesmo que o diretor-executivo esteja sentado sobre 100 andares em Nova York, ainda assim não estará tão alto quanto um humilde auxiliar de escritório no andar térreo de um prédio de Denver.

A única coisa sobre a qual um diretor-executivo está sentado é um organograma. E tudo que esse documento tolo faz é mostrar quão hipnotizados nos deixamos ficar por essa abstração chamada gestão. Na próxima vez que olhar para um desses gráficos, cubra o nome da organização e tente imaginar o que ela realmente faz para sobreviver. Você constatará que se o mais proeminente de todos os artefatos corporativos jamais contempla os produtos e serviços reais, que dirá as pessoas que lidam com eles todos os dias. É como se a gestão fosse a razão de ser das organizações.

Experimente a seguinte metáfora. Imagine a organização como um círculo. No meio desse círculo, está a gerência *central* e, em torno das linhas externas, figuram as pessoas que desenvolvem, produzem e entregam os produtos e serviços – aquelas que conhecem as operações diárias. Essas últimas enxergam com total clareza, porque estão mais próximas da ação. No entanto, sua visão é um pouco estreita, porque não conseguem ver além dos pequenos segmentos em que atuam. O truque, portanto, é conectar os dois grupos. E, para isso, a maioria das organizações precisa contar com gestores informados entre eles, pessoas capazes de visualizar os contornos externos e dar meia-volta para discutir isso com os que estão no centro. Você sabe de quem estou falando: das pessoas que costumávamos chamar gestores intermediários, aquelas que praticamente desapareceram.

2. É hora de remover os removedores de níveis hierárquicos. Quando as organizações removem camadas de suas operações, agregam-nas ao chamado topo de suas hierarquias – criando níveis novos que nada fazem além de exercer controle financeiro e deixar todos os demais enlouquecidos.

Costumava escrever livros para uma editora independente chamada Prentice-Hall. Era uma empresa grande – muito grande – mas bem organizada e inteiramente dedicada a seu ofício. Eis que a certa altura a Prentice-Hall foi adquirida pela Simon & Schuster, que por sua vez foi adquirida pela Paramount. A boa e velha Prentice-Hall tornou-se então uma "Paramount Communications Company". Foi mais ou menos nessa época que um de meus editores citou-me sua nova chefe: "Estamos no negócio de encher o balde das receitas operacionais". Estranho, pensei, porque meu editor e eu julgávamos que a empresa estivesse no negócio de publicar livros e iluminar os leitores... Agora a Prentice-Hall é uma "Viacom Company". Será que depois de tudo isso publicar livros continuará sendo tão importante quanto satisfazer patrões?...

Veja o que a *Fortune* escreveu alguns anos atrás: "O que há de verdadeiramente incrível na histórica reestruturação da P&G é o fato de ter sido uma resposta ao mercado de consumo, e não ao mercado de ações" (6 nov. 1989). O que há de verdadeiramente incrível nessa declaração é o uso da expressão "verdadeiramente incrível".

Em nenhum lugar a severidade dessas atitudes parece mais completa do que na remoção de todos aqueles gestores intermediários. A remoção de camadas hierárquicas pode ser definida como o processo pelo qual pessoas que mal sabem o que se passa numa organização se livram daqueles que sabem... Já não é hora de removermos os removedores de camadas?

3. Enxugar a estrutura organizacional é mesquinho e não melhora os lucros a longo prazo. Não há nada de maravilhoso em demitir pessoas. De fato, há analistas do mercado de ações que parecem adorar empresas que demitem trabalhadores da linha de frente e gestores intermediários (ao mesmo tempo em que aumentam os salários da alta gerência). Implicitamente, os empregados são culpados por terem sido contratados, estando condenados a sofrer as consequências enquanto as corporações faturam...

Trabalhei recentemente para uma seguradora dos Estados Unidos e, por tratar-se de uma instituição de seguros mútuos, não havia analistas de mercado com os quais me preocupar. Nessa época, soube da história de uma mulher que trabalhara ativamente para converter um banco de dados em papel em um sistema eletrônico. Alguém disse a ela: "Você não percebe que está fazendo algo que pode lhe render a perda de seu emprego?" "Claro", replicou a mulher. "Mas tenho certeza de que encontrarão alguma outra função para mim. Do contrário, eu sabotaria o processo..." Quantas sabotagens não estarão acontecendo?...

Grandes estrategistas são criativos ou são generosos. Pouquíssimos são as duas coisas.

4. O problema da maioria das estratégias são os diretores-executivos que se julgam estrategistas. Grandes estrategistas são criativos ou são generosos. Pouquíssimos são as duas coisas. Chamamos os criativos de visionários – são capazes de enxergar um mundo para o qual os demais estão cegos. Geralmente são pessoas difíceis, mas que abrem novos caminhos à sua própria maneira. Os generosos, em contrapartida, estimulam a estratégia em outras pessoas. Constroem organizações que fomentam a investigação intelectual e a ação criativa. (Você poderá reconhecer essas pessoas pelos vultosos salários que deixam de pagar a si mesmas.)... Os estrategistas criativos estendem-se desde o centro dessa organização circular até tocar seus limites, ao passo que os generosos fortalecem o círculo inteiro ao fazer do pensamento estratégico um processo de aprendizado coletivo.

Muitos dos chamados estrategistas, no entanto, limitam-se a dar as cartas e pretensamente conceber estratégias. Formulam estratégias extremamente engenhosas para que os demais as implementem. Emitem planos estratégicos lustrosos, de aspecto admirável, que com pompa e circunstância levam suas empresas a nenhum lugar. A estratégia transforma-se em um jogo de xadrez cujas peças – grandes blocos de negócios e empresas – são movidas com uma ferocidade que fascina os analistas de mercado. Todas as peças parecem encaixar-se com perfeição – ao menos no tabuleiro. É tudo muito impressionante, exceto o fato de que as peças, ignoradas à medida que os olhos se voltam para os grandes movimentos, acabam por se desintegrar. Imagine se poupássemos toda essa energia gasta em reorganizações e a utilizássemos para melhorar negócios *reais*. Não me refiro a "serviços financeiros" ou "comunicações"; refiro-me a negócios bancários e à produção editorial...

5. A descentralização centraliza, a delegação de poder retira o poder e a mensuração não preenche as exigências. Os jargões são o problema, não a solução. As últimas técnicas nos fascinam. E, então, fracassam. A *gestão da qualidade total* assume o comando e ninguém sequer se lembra da *qualidade de vida no trabalho* – mesma palavra, ideia semelhante, não menos um modismo, não muito tempo atrás...

O conceito da TQM metamorfoseou-se magicamente em delegação de poder. O verdadeiro significado da delegação de poder é impedir que pessoas percam poder. No entanto, ela só nos leva de volta à hierarquia, pois é precisamente a hierarquia que sai fortalecida com a delegação de poderes. As pessoas não adquirem poder por ele estar lógica e intrinsecamente embutido nas funções que desempenham; recebem-no como dádiva dos deuses que ocupam o Olimpo dos organogramas. *Noblesse oblige*. Se você não acredita nisso, confronte a delegação de poder com uma situação em que os trabalhadores realmente exerçam controle. Imagine um diretor de hospital delegando poder a seus médicos... Melhor ainda: considere um sistema social verdadeiramente avançado: a colmeia. As abelhas rainhas não delegam poder às abelhas operárias. As abelhas operárias são, por assim dizer, abelhas adultas que sabem exatamente o que fazer. Com efeito, a rainha não tem qualquer participação nas decisões genuinamente estratégicas da colmeia, como a decisão de transferir-se para um novo local. As abelhas decidem isso coletivamente, respondendo às danças informativas das abelhas campeiras, e então deslocam-se para o local escolhido. A rainha limita-se a seguir o enxame. Quantas de nossas organizações atingiram esse nível de sofisticação? O que a abelha rainha faz é exalar uma substância química que mantém a coesão do sistema. Ela é responsável por aquilo que se tem denominado "o espírito da colmeia". Que bela metáfora para os bons gestores – não os gestores no topo, mas aqueles no centro.

O verdadeiro significado da delegação de poder é impedir que pessoas percam poder

Se delegação de poder significa perda de poder, descentralização significa centralização? Também confundimos nosso uso dessas palavras desde que Alfred P. Sloan Jr., nos anos 1920, centralizou a General Motors em nome do que veio a ser conhecido como descentralização. Vale lembrar que Sloan teve de tomar as rédeas de um ambiente de negócios fora de controle. Não havia aí nem sombra de descentralização.

Parte desse dito esforço descentralizador consistiu na imposição de medidas financeiras – o controle pelos números. Se os gestores de divisão atingiam suas metas, estavam livres para conduzir seus negócios como bem lhes aprouvesse. Mas o efeito real dessa descentralização *para* o gestor da divisão não raro tem sido a centralização no interior da divisão: a concentração do poder no nível do chefe, que passa a ter responsabilidade pessoal pelo desempenho impessoal.

Os chefes de divisão – e os *controllers* que olham sobre seus ombros – ficam muito apreensivos com eventuais surpresas e impacientes com os resultados numéricos. Além do mais, a melhor maneira de garantir resultados rápidos, esperados, jamais implica fazer algo interessante: sempre cortar, nunca criar. Eis como a racionalização dos custos tornou-se, para o gestor de hoje, o que a sangria significou para o médico medieval: a cura para todas as enfermidades.

Em consequência de toda essa descentralização e remoção de camadas hierárquicas, a mensuração foi instituída como religião oficial da gestão. Mas até que ponto a sensatez do comportamento organizacional tem sido distorcida à medida que as pessoas são pressionadas a satisfazer números em vez de clientes?...

A mentalidade analítica apoderou-se dos domínios da gestão. Marchamos ao ritmo da tecnocracia. Tudo tem de ser calculado, explicado, categorizado. O problema é que os tecnocratas nunca vão muito além do presente. Carecem de sabedoria para apreciar o passado e de imaginação para ver o futuro... Para planejar, para supostamente cuidar do futuro, recorrem a previsões, o que significa dizer que extrapolam as tendências quantificáveis do presente. (Os otimistas extrapolam as tendências que lhes agradam, enquanto os pessimistas extrapolam as que lhes desagradam.) Assim, quando se deparam com uma "descontinuidade" inesperada (o que significa, muito provavelmente, que um concorrente criativo inventou algo novo), os tecnocratas saem a correr de um lado para outro feito o galinho Chicken Littles, gritando: "O ambiente está turbulento! O ambiente está turbulento!"

A mensuração é excelente para calcular como virar um hambúrguer ou encher o balde das receitas operacionais na empresa de "comunicações"... Mas, quando utilizada para estimar o mercado de um novo produto ou para avaliar o valor de um serviço profissional complexo, a mensuração geralmente dá errado. De fato, a mensuração é tão hipnótica quanto a gestão. É melhor começarmos a nos perguntar sobre os custos reais de se contar. Veja "O ponto fraco dos dados objetivos" no final desta seção.

6. Grandes organizações, uma vez criadas, não necessitam de grandes líderes. Empresas que precisam ser viradas pelo avesso por tais líderes acabam revertendo à posição anterior. Consulte as publicações de negócios mais populares e experimente ler um artigo qualquer sobre uma empresa qualquer. A organização quase sempre terá sido reduzida a um único indivíduo: o chefe no "topo"... "O CEO Jack Smith não apenas conteve a sangria. Com o impulso gerado pelo aumento nas vendas automotivas, ele tornou a GM novamente saudável" (Fortune, 17 out. 2004). E tudo isso sozinho!

A Suíça é uma organização que realmente funciona. E, no entanto, dificilmente alguém saberia dizer quem está no comando, pois sete pessoas revezam-se anualmente na função de chefe de estado. Talvez precisemos de grandes visionários para criar grandes organizações. Mas, uma vez criadas, não precisamos de heróis, apenas de líderes competentes, devotados e generosos que saibam o que está acontecendo e infundam aquele espírito de colmeia. Os heróis – ou, mais especificamente, nosso culto ao herói – não refletem senão nossas próprias fraquezas.

Parte desse culto à liderança envolve certa ênfase em "virar ao contrário" empresas velhas e doentes. Basta ver quanto investimos nisso! Pense em todas aquelas empresas de consultoria especializadas em geriatria, prontas a ajudar – dificilmente encontrando-se uma prática pediátrica quanto mais obstétrica. Por que temos tanta dificuldade para reconhecer o fim de uma empresa velha e moribunda?

O que o mundo dos negócios realmente precisa é de uma espécie de dr. Kevorkian – alguém que ajude a desligar os aparelhos. Só assim empresas novas e vibrantes terão a chance de substituir organizações velhas e exaustas. Deixar que mais empresas grandes morram – celebrando suas contribuições em funerais majestosos – tornaria nossas sociedades muito mais saudáveis.

7. Grandes organizações têm alma; qualquer palavra iniciada por um "de" ou um "re" tende a destruir essa alma. Bem, ainda há por aí algumas grandes organizações saudáveis. Pode-se identificá-las por sua individualidade. Mantêm-se fora dos holofotes e longe dos modismos vazios. Você já se perguntou por que tantas organizações interessantes se instalam longe de centros chiques como Nova York e Londres?...

Se você quer realmente adotar uma nova técnica, procure não usar o nome pelo qual a organização é conhecida, especialmente se começa com *de* ou *re*. Dê a ela um nome totalmente diferente. Assim, você precisará explicá-lo e obrigatoriamente terá de pensar sobre ele. Como sabemos, o problema não está nas técnicas; está na maneira estúpida como são aplicadas. Não seria maravilhoso se os editores da *HBR* imprimissem a imagem de um crânio e ossos cruzados ao lado do título de cada artigo, como naqueles frascos de remédio? Um exemplo seria "Cuidado! Para uso exclusivo de empresas de alta tecnologia; não deve ser consumido por fabricantes de produção maciça ou agências governamentais".

Considere a maneira estúpida como é aplicada a reengenharia. Abri o livro mais popular sobre o assunto e logo pensei: não é uma má ideia. Mas, quando vi a afirmação contida na segunda página – de que a técnica "será para a próxima revolução dos negócios o que a especialização da mão-de-obra foi para a última", ou seja, a Revolução Industrial –, devo ter fechado o livro ali mesmo. O sensacionalismo é o problema da gestão: o meio destrói a mensagem.

Não foi reengenharia o que fizeram a Ford Motors Company com a produção automotiva na virada do século passado e o McDonald's com o mercado *fast food* três décadas atrás? De vez em quando um operador perspicaz aparece com uma ideia e melhora um processo. Empresas como a Ford e o McDonald's não precisaram do tal livro; muito pelo contrário. Bastou-lhes a imaginação aplicada ao conhecimento íntimo de um negócio.

Em outras palavras, não há reengenharia na ideia de reengenharia. Apenas reificação, apenas a mesma velha noção de que o novo sistema dará conta do recado. Mas, por causa do sensacionalismo que acompanha cada nova moda gerencial, todos têm de correr feito loucos, fazendo a reengenharia de tudo. Logo teremos superinovações sob encomenda. Por que simplesmente não paramos com a reengenharia, com a remoção dos níveis hierárquicos, com as reestruturações e descentralizações, e começamos a pensar?

8. É hora de pôr fim aos programas de MBA convencionais. Devíamos desenvolver gestores reais, não pretender criá-los nas salas de aula.

Venho conduzindo um estudo. Peço a pessoas com bastante conhecimento sobre empresas norte-americanas que citem o nome de alguns diretores-executivos realmente competentes, líderes que fizeram, ou fazem, uma grande e *constante* diferença. Não me refiro aos médicos reformadores, mas aos verdadeiros construtores. (Pare aqui e elabore sua própria lista.)

Adivinhe só? Raramente algum dos citados possuía MBA...

Anos atrás, quando as coisas iam melhor para os negócios norte-americanos, costumava pensar que o brilho da gestão do país estava em sua orientação ativa, prática. Os gestores não paravam muito para pensar; eles simplesmente agiam. Hoje, no entanto, percebo que os melhores gestores são pessoas bastante pensativas, mas também muito práticas. Infelizmente, há muitas outras que pararam de pensar e só querem saber de respostas rápidas, fáceis...

É uma tolice pretender que pessoas que jamais atuaram como gestores – muitas das quais sequer trabalharam em tempo integral mais do que alguns anos – tornem-se gestores numa sala de aula. Trata-se de um exercício totalmente descolado da realidade. Precisamos parar de jogar teorias e casos gerenciais sobre pessoas sem base sequer para julgar sua relevância.

Comecemos a reconhecer os atuais programas de MBA pelo que são: treinamento técnico para serviços especializados, como pesquisa de mercado e análise financeira. (E estas *não são* atividades de gestão.) Talvez, então, possamos reconhecer a boa gestão pelo que é: não uma profissão técnica, certamente não uma ciência ou mesmo uma ciência aplicada (ainda que às vezes a aplicação de uma ciência), mas uma prática, um ofício. Há algumas boas lições que podemos ensinar nas escolas de administração; que tal ensiná-las a pessoas que realmente saibam o que está acontecendo?...

Temos agora um novo caminho insidioso até a suíte executiva. Depois do MBA, trabalhamos algum tempo como consultores de alguma empresa de prestígio, pulando sucessivamente de um cliente para outro. Eis que, então, saltamos diretamente para a cadeira de diretor-executivo de alguma empresa. Tal sistema pode funcionar de vez em quando. Mas, de forma alguma, constrói um setor corporativo forte na sociedade...

9. As organizações precisam de cuidados contínuos, não de curas intervencionistas. Eis por que a enfermagem é um modelo mais adequado à gestão do que a medicina, e por que as mulheres, em última análise, podem ser melhores gestores do que os homens. O termo francês correspondente a cirurgia médica é "intervenção". Intervir é o que fazem todos os cirurgiões e muitos gestores. Os gestores continuam a intervir em seus sistemas, alterando-os radicalmente na expectativa de consertá-los mediante a eliminação de componentes. Então, deixam as consequências de suas empresas desordenadas aos cuidados das enfermeiras do mundo corporativo.

Talvez devêssemos experimentar a enfermagem como modelo de gestão. As organizações precisam ser alimentadas – tratadas e cuidadas de forma constante e consistente. Não precisam ser violadas sucessivamente por planos estratégicos radicais ou reorganizações grosseiras toda vez que um novo diretor-executivo aterrissar de paraquedas.

De certa forma, cuidar é uma abordagem mais feminina para gerenciar, embora eu já a tenha visto praticada por excelentes diretores-executivos. Ainda assim, as mulheres levam vantagem, o que significa dizer que o mundo corporativo está perdendo um bocado de talento. Saudamos, então, uma maior presença feminina nas suítes executivas, como nossa última esperança de voltar à realidade.

Alguns anos atrás, passei um dia inteiro circulando atrás da enfermeira-chefe do bloco cirúrgico de um hospital. Digo "circulando atrás" porque ela quase não parava em seu escritório; estava constantemente no saguão. (Vale lembrar que, anos atrás, os sócios da Morgan Stanley também operavam no saguão; suas mesas ficavam exatamente no saguão principal da Bolsa.)

Acima do saguão, ao primeiro sinal de problema, a delegação de poder converte-se em intromissão por parte dos altos executivos, que, por ignorar o que está havendo, não têm outra escolha senão intervir. É quando a organização transforma-se em um paciente a ser curado, ainda que não esteja realmente doente. Ela se vê alternando entre breves rodadas de cirurgia radical e longas doses de estudada negligência.

Considere em vez disso um estilo *artesanal* de gestão. Um estilo que tenha a ver com inspiração, e não delegação de poderes, que contemple uma liderança baseada no respeito mútuo, um respeito arraigado na experiência comum e na profunda compreensão. Gestores artesãos se envolvem de forma suficientemente intensa para saber quando não se envolver. Ao contrário dos gestores profissionais, que clamam "menos mãos, mais cérebro", o gestor artesão acredita que, se as mãos não obram, o cérebro permanece desligado.

As mulheres se queixam dos telhados de vidro. Muito piores talvez sejam os pavimentos de concreto. Há muitos gestores incapazes de perceber o que acontece mesmo ao rés do chão de suas organizações, onde são feitos os produtos e servidos os clientes (presumivelmente). Precisamos destruir os telhados, explodir os pavimentos, pôr abaixo as paredes, para que, então, as pessoas possam trabalhar juntas naquele grande círculo...

Creio que demos um giro completo. É hora de concluirmos com nossa última reflexão – sobre a qual nada acrescentarei.

10. O problema da nossa atual gestão é precisamente o problema deste artigo: tudo tem de vir em doses concisas, superficiais.

Fonte: Henry Mintzberg, adaptado de "Musings on Management", Harvard Business Review, July-August 1996. Copyright © 1976 Harvard Business School Publishing Corporation; todos os direitos reservados.

O ponto fraco dos dados objetivos

A crença de que os gestores estratégicos e seus sistemas de planejamento podem ser descolados do objeto de seus esforços baseia-se numa suposição fundamental: a de que podem ser informados de maneira formal. Assim, o mundo caótico dos ruídos de fundo, das fofocas, inferências, impressões e fatos deve ser reduzido a dados sólidos, endurecidos e agregados para que sejam fornecidos de forma regular e digerível. Em outras palavras, os sistemas devem fazer o serviço, quer os chamemos (alternadamente ao longo dos anos) "tecnologia da informação", "sistemas de informação estratégica", "sistemas especialistas", "sistemas totais" ou, simplesmente, "sistemas de informação gerenciais" (SIGs). Infelizmente, porém, os dados objetivos de que dependem esses sistemas muitas vezes revelam pontos fracos:

▶

1 *Informações objetivas geralmente possuem escopo limitado, carecendo de riqueza e muitas vezes deixando de abarcar importantes fatores não econômicos e não quantitativos.*
Grande parte das informações relevantes para a formulação de estratégias jamais se transforma em dados objetivos. A expressão no semblante de um cliente, o estado de espírito em uma fábrica, o tom de voz de um servidor público, tudo isso pode constituir informação para o gestor, mas não para o sistema formal. Eis por que os gestores geralmente gastam boa parte do tempo desenvolvendo seus próprios sistemas de informação pessoais, constituídos de redes de contatos e toda espécie de informantes.

2 *Grande parte das informações objetivas é demasiado agregada para ser utilizada de forma efetiva na formulação de estratégias.* A solução óbvia para um gestor sobrecarregado de informações e pressionado pelo prazo para processá-las é ter essas informações agregadas. A General Electric (GE), antes de 1980, forneceu um exemplo excelente desse tipo de pensamento. Introduziu inicialmente "Unidades de Negócios Estratégicos" (SBUs, do inglês Strategic Business Units) em suas divisões e departamentos e, depois, instituiu "Setores" nessas unidades, sempre procurando elevar o nível de agregação e, com isso, possibilitar aos gestores compreender as informações necessárias rapidamente. O problema é que muita coisa se perde nesse processo – não raro a própria essência da informação. Em que medida os dados agregados em seis setores poderiam realmente informar os diretores-executivos da GE acerca da complexa organização que capitaneavam? É ótimo enxergar a floresta, desde que nada aconteça entre as árvores. Como comentou Richard Neustadt, que estudou os hábitos de coleta de dados por parte de vários presidentes dos Estados Unidos, "Não são informações genéricas que ajudam um presidente a conhecer os interesses pessoais; nem resumos, estudos ou os *insípidos amálgamas*. São as miudezas dos *detalhes tangíveis* que, reunidas em sua mente, iluminam o aspecto subjacente das questões que lhe são trazidas... Ele precisa tornar-se o diretor de sua própria central de inteligência (1960: 153-54, grifos meus).

3 *Grande parte das informações objetivas chega tarde demais para ser usada na formulação estratégica.* A informação leva tempo para maturar: é necessário certo tempo para que tendências, acontecimentos e desempenhos apareçam como "fatos", mais tempo para que esses fatos sejam agregados em relatórios e mais tempo ainda se esses relatórios têm de ser apresentados dentro de um cronograma predeterminado. No entanto, a formulação estratégica precisa ser um processo ativo, dinâmico, não raro desdobrando-se rapidamente em reação a estímulos imediatos; os gestores não podem se dar ao luxo de esperar que as informações maturem, enquanto os concorrentes fogem com clientes valiosos.

4 *Finalmente, uma quantidade surpreendente de informações objetivas é pouco confiável.* Informações subjetivas supostamente não são confiáveis; são sujeitas a todo tipo de vieses. As informações objetivas, em contrapartida, são tidas como concretas e precisas; afinal, são transmitidas e armazenadas eletronicamente. Na verdade, porém, as informações objetivas podem ser muito piores que as subjetivas. Sempre se perde algo no processo de quantificação – antes que esses elétrons sejam ativados. Quem quer que já tenha produzido uma medida quantitativa – seja o número de descartes em uma fábrica ou o número de publicações em uma universidade – sabe exatamente quantas distorções são possíveis, intencionais ou não. Como descreve Eli Devons (1950:Cap. 7) em seu fascinante relato sobre o planejamento da produção de aviões na Grã-Bretanha durante a Segunda Guerra Mundial, apesar das "arbitrárias suposições feitas" na coleta

> de alguns dados, "uma vez que um número fosse apresentado... logo era aceito como "número acordado", já que ninguém era capaz de demonstrar por argumentos racionais que estava errado... E uma vez que os números eram chamados 'estatística', adquiriam a autoridade e a santidade da Sagrada Escritura" (155).
>
> É claro que as informações subjetivas podem ser especulativas e também distorcidas. Mas qual gestor de marketing que se visse obrigado a escolher entre o rumor de hoje – de que um importante cliente foi visto almoçando com um concorrente – e o fato de amanhã – de que o negócio foi perdido – hesitaria em optar pela primeira alternativa? Além disso, talvez a simples história de um cliente descontente tenha mais valor que todas aquelas pilhas de pesquisas de mercado, simplesmente porque, enquanto as últimas podem identificar um problema, é a primeira que pode sugerir sua solução. Acima de tudo, em nossa opinião, ainda que os dados objetivos possam instruir o intelecto, são os dados subjetivos que predominantemente constroem a sabedoria.
>
> Adaptado com permissão de The Free Press, uma divisão da Simon & Schuster, Inc., a partir de The Rise and Fall of Strategic Planning, de Henry Mintzberg. Copyright © Henry Mintzberg. Todos os direitos reservados.

Referências

Devons, E., *Planning in Practice: Essays in Aircraft Planning in War-Time*, Cambridge University Press, 1950.

Neustadt, R. E., *Presidential Power: The Politics of Leadership*, Wiley, 1960.

ERRAR É HUMANO
POR SPYROS G. MAKRIDAKIS

...Wason (1972), um psicólogo cognitivo, estabeleceu como meta de vida aprender mais sobre como as pessoas buscam informações e evidências. Ele descobriu que até 90% das informações que procuramos destinam-se a corroborar opiniões, crenças ou hipóteses que por muito tempo alimentamos. Assim, se um gestor acredita que certa campanha promocional aumentará suas vendas, ele procurará evidências que provem que sua crença (ou, mais precisamente, sua hipótese) está correta. Infelizmente, porém, é quase impossível confirmar a hipótese de que uma campanha promocional será bem-sucedida simplesmente observando-se o crescimento das vendas, pois há muitos outros fatores que podem contribuir para tal aumento. Nesse caso, as evidências jamais poderão provar que a hipótese está correta. Para tanto, poderíamos interromper a campanha promocional durante certo tempo, o que equivaleria a desmentir a evidência. Se as vendas caírem, a hipótese poderá confirmar-se. Se a campanha for interrompida diversas vezes, em diversas regiões, e o resultado for sempre o mesmo, será possível determinar com segurança que a queda das vendas não se deve ao acaso, mas é influenciada pela diminuição da publicidade. Embora seja pouco prático interromper uma campanha promocional ou publicitária, do ponto de vista científico essa é a única maneira de provar, para além de qualquer dúvida razoável, que a hipótese de que as promoções elevam as vendas está correta. As pessoas, no entanto, não procuram desmentir evidências...

Tendemos a lembrar das informações que confirmam nossas crenças muito mais do que daquelas que as desmentem.

Mas há o outro lado da moeda. Tendemos a lembrar das informações que confirmam nossas crenças muito mais do que daquelas que as desmentem. Nos estudos, os crédulos tendiam a lembrar do material comprobatório com 100% de precisão, mas do material negativo apenas 40% do tempo. Os céticos, por sua vez, lembravam das evidências comprobatórias e das evidências contrárias igualmente bem – sua precisão foi de 90% em ambos os casos. Logo, não apenas buscamos evidências comprobatórias, mas, uma vez que as encontramos, tendemos a lembrá-las com maior precisão...

Quanto mais alta a posição do gestor na organização, tanto mais a informação que recebe é filtrada por diversos níveis de subordinados, como assistentes e secretárias. Esses sabem, ou julgam saber, o que o gestor quer ouvir e apresentam seletivamente as informações que vão ao encontro desse desejo...

É possível evitar a parcialidade quando as decisões são tomadas em grupos? Infelizmente não – na verdade, evidências sugerem que os grupos ampliam a parcialidade quando introduzem o *groupthink* (pensamento de grupo) (fenômeno que se desenvolve quando os membros do grupo passam a apoiar seu líder e uns aos outros, evitando conflitos e divergências durante as reuniões)...

Outro tipo de juízo preconcebido que pode ameaçar a efetividade da tomada de decisão é o das crenças infundadas ou da sabedoria convencional. Crescemos dentro de uma cultura que aceita certas afirmações como verdadeiras, ainda que não o sejam. Por exemplo, acreditamos que, quanto mais informações tivermos, tanto mais precisas serão nossas decisões. Evidências empíricas não apoiam essa crença. Na verdade, um número maior de informações apenas parece aumentar a confiança de que estamos certos, sem necessariamente aumentar a precisão de nossas decisões...

Se um gestor aceita as preconcepções humanas que descrevi aqui, ele não pode esperar racionalidade de seus subordinados, superiores ou concorrentes. Isso complica as coisas consideravelmente, já que todas as teorias econômicas e a vasta maioria das gerenciais pressupõe uma fria racionalidade. Como pode um gestor lidar com um concorrente movido por motivos irracionais? Não é possível compreendê-los nem prever como influenciarão as decisões do concorrente. Não há como fazê-lo, na medida em que não há como prever a irracionalidade. Assim, outro desafio que se impõe aos gestores é aceitar a possibilidade da irracionalidade e tentar racionalizá-la – talvez o mais difícil dos desafios. Para piorar as coisas, a falta de racionalidade não se limita aos concorrentes, mas viceja em toda parte. O ciúme, a ambição excessiva, a disputa sem motivo aparente, colapsos na comunicação e comportamentos irracionais similares abundam em qualquer organização e devem ser encarados de forma sensata, a fim de neutralizar ou reduzir seus efeitos negativos tanto quanto possível. É um desafio considerável, mas que deve ser confrontado. Devemos seguir em frente, mesmo sabendo que a estrada nem sempre será suave.

Referência

Wason, P. C. e Johnson-Laird P. N., *Psychology of Reasoning: Structure and Content*, Batsford, 1972.

Fonte: Adaptado com permissão de The Free Press, uma divisão de Simon & Schuster Inc., a partir de *Forecasting, Planning, and Strategy for the 21st Century*, de Spyros G. Makridakis. Copyright © 1990 Spyros G. Makridakis. Todos os direitos reservados.

CEOs: CERTOS JOGADORES
POR HENRY MINTZBERG

O jogo de azar é uma metáfora muito popular entre os CEOs, especialmente nos Estados Unidos. Utilizemos, então, essa metáfora para considerar a compensação do CEO, já que hoje os CEOs jogam de uma maneira bastante particular.

Primeiro, CEOs jogadores jogam com o dinheiro de outras pessoas. Um belo trabalho, se você é capaz de fazê-lo.

Segundo, CEOs jogadores recebem – não quando vencem, mas quando parecem estar vencendo. No jogo do CEO, nunca se sabe ao certo qual será a mão vencedora no final. Mas não importa: os CEOs recebem no meio do jogo. É como levar a aposta com um par de ases na mesa, enquanto o resto da mão está fechada. Os jogadores de pôquer chamam esse esforço de semiblefe. Os CEOs simplesmente executam o blefe – sem o "semi". O truque, naturalmente, consiste em garantir que as melhores cartas sejam mostradas na mesa. Se o resto da mão não for bom, eles podem fugir dali.

Terceiro, CEOs jogadores recebem mesmo quando perdem. Em outras palavras, recebem enquanto fogem. Isso, garanto a você, não acontece no jogo real, que ainda precisa adotar o *golden parachute*.* Se acontecesse, imagine que apostas não fariam os jogadores! Teríamos *"all-in"* o tempo inteiro – a pilha toda. Melhor, não imagine: consulte no Capítulo 11 os registros das apostas feitas por CEOs jogadores. Nesse tipo de jogo de azar, você não seria também um grande "apostador"?

Quarto, CEOs jogadores às vezes recebem apenas pelas cartas que têm na mão. Nem sequer precisam mostrar aquele par de ases, ou sair correndo (por enquanto). Ainda que os CEOs jogadores não sejam os mais engenhosos em gerenciar suas empresas, podem ser incrivelmente inteligentes em sugerir maneiras novas de colecionar vitórias. Por exemplo, alguns recebem um bônus por assinar uma grande aquisição, muito antes de alguém ter condições de saber se ela funcionará. (A maioria, aliás, não funciona.) Nem uma única carta foi virada, e eis a grana.

Quinto, CEOs jogadores agora estão em condições de receber simplesmente para não abandonar a mesa. Eis a maior de todas as inutilidades: é chamada de "bônus de retenção" – talvez você tenha ouvido falar disso recentemente. Não apenas esses CEOs são pagos para fazer o serviço (por assim dizer), como também são pagos para não deixar de fazê-lo. Esse é *realmente* um belo trabalho, se você é capaz de fazê-lo.

Devo salientar que, sob certo aspecto, tudo isso se assemelha ao jogo real: as recompensas financeiras são imediatas; as consequências sociais e econômicas vêm aos poucos, lentamente, depois que os jogadores deixaram a mesa.

Se esse jogo é tão maravilhoso, não deveria estender-se a todos na empresa? Creio que deveria acompanhar obrigatoriamente cada pacote de compensação desses CEOs. Isso deixaria especialmente empolgados os consultores de salários, que já devem estar cansados de dividir a cama apenas com os executivos.

Caso algum conselho de diretores hesite em abraçar essa maravilhosa proposta, sugiro outra. (Quando se trata de compensação executiva, suspeito de que os conselhos corporativos estejam finalmente prontos para tomar posição sobre alguma coisa – qualquer coisa.)

Trata-se de uma proposta mutuamente proveitosa. Demita de improviso, sem um segundo de hesitação, todo e qualquer candidato ao posto de CEO que esteja em busca de um pacote de compensação que o diferencie dos demais membros da empresa. Com efeito, encerre as discussões imediatamente à mera menção da palavra "bônus", pois isso constitui prova definitiva de que o candidato não tem o menor interesse em conduzir uma organização formada por seres hu-

---

* N. de R. T.: Pacote de bônus e indenizações previsto em contratos de altos executivos, em caso de demissão

manos que colaboram uns com os outros. (Caso essa pessoa não o compreenda, cite a menção por ela feita, momentos antes, sobre a importância do "trabalho em equipe" e sobre como "as pessoas são o maior ativo de uma empresa".)

Essa proposta economizará toneladas de dinheiro, além de transmitir uma mensagem positiva a todos da empresa – para variar –, enquanto a empresa talvez encontre um CEO que seja um verdadeiro líder. Imagine isso.

Uma última palavra. Se o novo CEO realmente quiser jogar, indique a ele o caminho do cassino mais próximo.

Fonte: "It's time to call the bluff of those highrolling CEOs", de Henry Mintzberg, Friday, April 3, 2009, www.theglobeandmail.com, © Copyright Bell Globemedia Publishing Inc. Todos os direitos reservados.

Para ter certeza de acertar o alvo, atire primeiro e, o que quer que acerte, considere-o o alvo. Ashleigh Brilliant

CAPÍTULO 5
MÁXIMAS DA GESTÃO

Lei do Conselho de Dave: Aqueles que dispõem dos melhores conselhos não oferecem quaisquer conselhos. [Anônimo]

Máximas não são mitos – não inteiramente. (Consulte seu dicionário.) No entanto, também podem induzi-lo ao erro. A citação de Dave com que abrimos este capítulo é apenas uma das muitas máximas que apresentamos, ordenadas de A a Z, em nossa primeira leitura. A segunda nos leva à avó de todos os aforismos gerenciais: a lei de Parkinson. Aqui o professor C. Northcote Parkinson, com absoluta ironia, explica os mecanismos pelos quais "o trabalho se estende até preencher o tempo disponível para sua conclusão".

Isso nos conduz a uma discussão sobre um livro de Jeffrey Pfeffer e Robert Sutton que desafia os axiomas mais populares da gestão – sobre pagamento de incentivos, demissões, fusões e equilíbrio entre trabalho e vida pessoal.

Lucy Kellaway é ótima em criar aberturas e encerramentos para essas questões. Neste capítulo, oferece-nos um desfecho: sete máximas de sua própria lavra sobre como impingir máximas a todos e escapar impune.

LEIS E REGRAS: DE *A* A *Z*

Regra da Burocracia de ACHESON: Um memorando não é escrito para informar o leitor, mas para proteger o escritor.

Lei de BERRA: Pode-se observar muito só olhando.

Revelação de BONAFEDE: A sabedoria convencional diz que o poder é afrodisíaco. Na verdade, é exaustivo.

Leis da Burocracia de BOREN:

1   Em caso de dúvida, resmungue.
2   Em caso de problema, delegue.
3   Em caso de ter a responsabilidade, pondere.

Lei de CROPP: A quantidade de trabalho realizado é inversamente proporcional à quantidade do tempo gasto no escritório.

Lei do Conselho de DAVE: Aqueles com os melhores conselhos não oferecem conselhos.

Lei de DOBBIN: Em caso de dúvida, use um martelo maior.

Princípio da Discussão Deslocada: Para vencer a burocracia, faça de seu problema o problema deles.

Lei de DOW: Numa organizaçtão hierárquica, quanto mais alto o nível, maior a confusão.

Lei de EPSTEIN: Se você acha que o problema já é ruim, espere até o solucionarmos.

Má citação de GROSSMAN: Problemas complexos têm respostas simples, fáceis de compreender e erradas.

Mitos da Gestão de HELLER: O primeiro mito da gestão é o de que ele existe. O segundo é de que sucesso equivale a talento. Corolário (Johnson): Ninguém sabe realmente o que acontece em parte alguma de sua organização.

Lei de HENDRICKSON: Se um problema suscita muitas reuniões, as reuniões acabam por se tornar mais importantes que o problema.

Lei de HOFSTADTER: É sempre necessário mais tempo do que o previsto, mesmo quando se leva em contta a Lei de Hofstadter.

Leis de KETTERING: Se você quiser acabar com qualquer ideia no mundo de hoje, institua um comitê para trabalhar nela.

O primeiro mito da gestão: A gestão existe.

Pensamento de MAUGHAM: Somente uma pessoa medíocre está sempre no seu melhor.

Lei de McGOVERN: Quanto mais longo o título, menos importante o cargo.

Lei de PARETO (A lei 20/80): 20% dos clientes respondem por 80% do faturamento, 20% dos componentes respondem por 80% dos custos, e assim por diante.

Primeira Lei de PARKINSON: O trabalho se estende até preencher o tempo disponível para sua conclusão.

Segunda Lei de PARKINSON: As despesas crescem até esgotar a renda.

Terceira Lei de PARKINSON: Expansão significa complexidade; complexidade significa decadência.
Quarta Lei de PARKINSON: O número de pessoas em qualquer grupo de trabalho tende a crescer independentemente da quantidade de trabalho a ser feito.
Quinta Lei de PARKINSON: Se houver uma maneira de procrastinar uma decisão importante, a boa burocracia, pública ou privada, há de encontrá-la.
Lei de PATTON: Um bom plano hoje é melhor do que um plano perfeito amanhã.
Princípio de PETER: Em toda hierarquia, seja ela governamental ou corporativa, todo empregado tende a ser promovido até seu próprio patamar de incompetência; todo cargo tende a ser preenchido por um empregado incompetente. Corolários:

1. A incompetência não conhece barreiras de tempo ou lugar.
2. O trabalho é executado por aqueles empregados que ainda não ascenderam a seu próprio patamar de incompetência.
3. Se você não for bem-sucedido no início, tente outra coisa.

Observação de PETER: A supercompetência é mais censurável que a incompetência.
Lei de PIERSON: Para baixo, todo santo ajuda. Principalmente se você estiver descendo uma ladeira sem freios.
Lei da Inovação de TERMAN: Se você quer uma equipe que vença uma disputa de salto em altura, encontre uma pessoa que possa saltar 2m, não duas pessoas capazes de saltar 30cm.
Lei de WOLF (Uma visão otimista de um Mundo Pessimista) As coisas necessariamente não darão errado (Lei de Murphy), mas elas levarão muito mais tempo e exigirão muito mais esforço do que você pensa se elas não tivessem dado errado.
Lei de tomada de decisões de WOLF: Ações importantes raramente são decididas por mais que quatro pessoas. Se você acha que a grande reunião a que está comparecendo está realmente "elaborando" uma decisão, provavelmente está errado. Ou a decisão foi acordada por um grupo menor antes de a reunião começar, ou o resultado da grande reunião será modificado posteriormente, quando três das quatro pessoas se reunirem.
Lei da Gestão de WOLF: As tarefas que devem ser executadas imediatamente são as menos importantes; do contrário, você as esqueceria. As mais importantes geralmente é melhor adiar, pois costumam exigir mais tempo de reflexão. Além do mais, se você esquecê-las, elas o lembrarão.
Lei das Reuniões de WOLF: O único resultado importante de uma reunião é o acordo quanto aos próximos passos.
Lei do Planejamento de WOLF: Um bom ponto de partida é onde você está.
Lei de ZIMMERMAN: Quer uma missão se expanda ou se contraia, as despesas administrativas continuam a crescer em ritmo estável.
Lei das Reclamações de ZIMMERMAN: Ninguém percebe quando as coisas dão certo.
Regra de ZUSMANN: O sucesso de um simpósio depende da proporção entre a reunião e a refeição.

Fonte: Compilado e reunido pelos autores.

LEI DE PARKINSON
POR CYRILL NORTHCOTE PARKINSON

O trabalho se estende até preencher o tempo disponível para sua conclusão

O reconhecimento geral desse fato é ilustrado pela expressão proverbial "O homem mais atarefado é o que mais tem tempo a gastar". Assim, uma ociosa senhora de idade pode levar o dia inteiro para escrever e enviar um cartão postal a sua sobrinha em Bognor Regis. Uma hora será gasta na procura do cartão, outra na caça dos óculos, meia hora na busca do endereço, uma hora e um quarto com a redação, e vinte minutos com a decisão de levar ou não o guarda-chuva até a caixa do correio, na outra esquina. O esforço total que para um homem atarefado não ocuparia mais que três minutos pode deixar outra pessoa prostrada após um dia de dúvidas, ansiedade e esforço.

Admitindo-se que o trabalho (e especialmente o trabalho de escritório) é elástico em sua exigência de tempo, é evidente haver pouca ou nenhuma relação entre o trabalho a ser feito e o número de funcionários a executá-lo. A falta de atividade não resulta necessariamente em lazer; tampouco a falta de ocupação é necessariamente revelada pela ociosidade. As tarefas a serem feitas crescem em importância e complexidade na razão direta do tempo a ser gasto. Esse fato é amplamente reconhecido, mas pouca atenção tem sido dada às suas implicações não menos amplas, mais especificamente no campo da administração pública. Políticos e contribuintes creem (com eventuais momentos de dúvida) que um aumento no número de servidores públicos deve refletir um aumento no volume do trabalho a ser feito. Cínicos, questionando essa crença, imaginaram que a multiplicação de funcionários deve ter deixado alguns deles ociosos ou todos eles em condições de trabalhar menos horas. Mas essa é uma matéria em que a fé e a dúvida parecem igualmente fora de lugar. O fato é que o número de funcionários e a quantidade de trabalho não guardam a menor relação. O aumento no total de empregados é regido pela Lei de Parkinson e seria exatamente o mesmo quer o volume de trabalho aumentasse, diminuísse ou mesmo desaparecesse. A importância da Lei de Parkinson reside no fato de ser uma lei de crescimento baseada numa análise dos fatores pelos quais esse crescimento é controlado.

A validade dessa lei recém-descoberta depende principalmente de provas estatísticas que se seguirão. Ao leitor comum talvez interesse mais a explicação dos fatores subjacentes à tendência geral definida por essa lei. Omitindo-se as filigranas técnicas (que são numerosas), podemos distinguir de início duas forças motrizes que podem ser representadas, para o presente propósito, por duas declarações quase axiomáticas, a saber: (1) "Um funcionário quer multiplicar seus subordinados, não seus rivais" e (2) "Os funcionários criam trabalho uns para os outros".

Para compreendermos o Fator 1, precisamos imaginar um funcionário público, denominado A, que se acha sobrecarregado de trabalho. Se tal sobrecarga é real ou imaginária, isso pouco nos interessa; no entanto, convém observarmos, de passagem, que a sensação (ou ilusão) de A poderia facilmente resultar na diminuição de sua energia: um sintoma normal da meia-idade. Para essa sobrecarga de trabalho real ou imaginária existem, em termos gerais, três remédios possíveis. A poderia demitir-se; poderia solicitar a divisão de seu trabalho com um colega, denominado B; ou poderia recorrer ao auxílio de dois subordinados, denominados C e D. Provavelmente, contudo, não há exemplo na história que nos leve a crer que A escolheria outra alternativa que não a terceira. Optando pela demissão, ele perderia seus direitos de pensão. Indicando B, alguém de sua mesma hierarquia, estaria admitindo um rival com o qual teria de disputar a vaga de W, quando W (enfim!) se aposentar. Assim, A preferiria escolher C e D, dois jovens abaixo de seu nível hierárquico. Ademais, ao dividir o trabalho em duas categorias, entre C e D, ele terá o mérito de ser o único homem a compreender ambas. A esta altura é indispensável notar que C e D são, de certa forma, inseparáveis. Designar apenas C seria impossível. Por quê? Porque C, dividindo sozinho o trabalho com A, adquiriria *status* equivalente, o que fora recusado a B em primeira instância – um *status* ainda mais acentuado na medida em que C seria o único sucessor possível de A. Assim, os subordinados devem constar de dois ou mais, cada qual mantido sob controle pelo medo da promoção do outro. Quando C, sucessivamente queixar-se de estar sobrecarregado (como certamente o fará), A aconselhará, com a concordância de C, a indicação de dois assistentes para ajudá-lo. Entretanto, só poderá evitar atritos internos se também designar dois assistentes para D. Com o recrutamento de E, F, G e H, a promoção de A está praticamente assegurada.

Há pouca ou nenhuma relação entre o trabalho a ser feito e o número de funcionários a executá-lo.

Eis que agora sete funcionários encarregam-se do trabalho que antes era apenas de um. É quando entra em operação o Fator 2. Isso porque esses sete criam tanto trabalho uns para os outros que todos se acham inteiramente ocupados, enquanto A trabalha mais do que nunca. Um documento que chegue poderá passar consecutivamente por cada um deles. O funcionário E decide que o assunto é da alçada do funcionário F, que remete um projeto de resposta a C, que o emenda drasticamente antes de consultar D, que pede a G para assumir a questão. Mas a esta altura G está saindo de férias e entrega a pasta a H, que redige a minuta que D assina e devolve a C, que a revisa devidamente e apresenta a nova versão a A.

O que faz A? Certamente ele teria todas as justificativas para assinar o documento sem lê-lo, ocupado que está com muitos outros assuntos. Ciente de que deverá suceder W no ano seguinte, ele precisa decidir seu sucessor entre C ou D. Ele teve de assentir com a licença de G, mesmo que este ainda não tivesse direito a ela. Preocupa-lhe se não era H quem deveria ter saído, por motivos de saúde. Com efeito, ele tem parecido abatido ultimamente – em parte, mas não somente, por causa de problemas domésticos. Ademais, há a questão do aumento salarial especial de F para o período da conferência e o pedido de transferência de E para o Ministério das Aposentadorias. A ouviu dizer que D está apaixonado por uma datilógrafa casada e que G e F já não se falam – e ninguém parece saber a razão. Em vista disso, A poderia sentir-se tentado a assinar a minuta de C e pôr fim ao assunto. Mas A é um homem de escrúpulos. Acossado como está pelos problemas que seus colegas criaram para si próprios e para ele – ocasionados pelo simples fato da existência desses funcionários – não é homem de fugir ao dever. Ele lê a minuta com cuidado, elimina os parágrafos detalhistas acrescidos por C e H e devolve o texto à forma original apresentada pelo competente (ainda que brigão) F. Corrige a sintaxe – nenhum desses jovens sabe escrever gramaticalmente – e, por fim, produz a mesma resposta que teria redigido se os funcionários C até H não tivessem nascido. Muito mais gente levou muito mais tempo para chegar ao mesmo resultado. E nenhuma delas foi indolente; todas deram o melhor de si. No entanto, é já tarde da noite quando A finalmente deixa o escritório e inicia a viagem de volta para Ealing. Apagam-se as últimas luzes no lusco-fusco que marca o fim de mais um dia de trabalho administrativo. Entre os últimos a sair, com os ombros arqueados e um sorriso amargo, A reflete que as horas extras, assim como os cabelos grisalhos, fazem parte das penalidades do sucesso.

Fonte: C. Northcote Parkinson, *Parkinson's Law: The Pursuit of Progress*, John Murray, 1958. Reimpresso com a permissão de John Murray (Publishers) Limited.

MÁXIMAS QUE PRECISAM DE REMODELAÇÃO
POR JUSTIN EWERS

Para muitos, elas são os mandamentos da gestão empresarial – ignorar essas verdades implica sério risco para as empresas. Portanto, digamos todos juntos: Grandes líderes fazem grandes empresas. Estratégia é destino. Mude ou morra.

> *E se alguns dos mais queridos axiomas do mundo empresarial estiverem errados? E se houver um caminho melhor?*

Mas vai aqui um pensamento: e se alguns dos mais queridos axiomas do mundo empresarial estiverem errados? E se houver um caminho melhor? É o que argumentam Jeffrey Pfeffer e Robert Sutton, professores de administração da Universidade de Stanford, em seu livro, "A verdade dos fatos: gerenciamento baseado em evidências". Reunindo o trabalho de psicólogos, sociólogos e especialistas em gestão, os autores propõem o cativante argumento de que algumas das mais benquistas verdades do mundo dos negócios estão longe de ser autoevidentes. Muitos líderes empresariais, argumentam, estão tomando decisões baseadas em palpites vagos, modismos gerenciais e heroicas historias de sucesso, em vez de se apoiarem em dados empíricos. As consequências disso quase sempre são graves. "Se os médicos praticassem a medicina como muitas empresas praticam a gestão", escrevem Pfeffer e Sutton, "haveria muito mais doentes e pacientes mortos, e muitos mais médicos estariam na cadeia".

Não poucos especialistas em gestão concordam que algumas dessas caquéticas máximas gerenciais há muito perderam o prazo para uma remodelação. "Eles de fato colocaram o dedo na ferida", diz Tom Donaldson, professor de ética da Wharton School of Business da Universidade da Pensilvânia: "Os gestores geralmente não sabem o que não sabem". Então, o que deve fazer um discípulo de Jack Welch? A *U. S. News* reuniu-se com Pfeffer e Sutton para discutir seus cincos mitos favoritos da gestão – e descobrir se há alguém que esteja praticando negócios à maneira deles.

Mito 1. Incentivos financeiros estimulam o bom desempenho

Os gestores costumam pensar que o dinheiro pode resolver todos os seus problemas. Os trabalhadores não estão rendendo o que você gostaria? Pague-os conforme seu desempenho. Os executivos não aceitam a missão da empresa? Ofereça-lhes participação acionária. Pfeffer e Sutton argumentam, no entanto, que usar incentivos financeiros para melhorar o desempenho não é assim tão simples.

Muitos gestores ignoram o fato de que os incentivos podem inspirar tanto bons comportamentos quanto maus – e na maioria das vezes prejudicam o desempenho na mesma proporção que o beneficiam. Considere o sistema de incentivo implantado recentemente pela cidade de Albuquerque, no Novo México. Para reduzir as horas extras pagas aos motoristas dos caminhões de lixo, a cidade passou a incentivá-los a completar suas rotas dentro do prazo ou mesmo antes, oferecendo ao motorista que perfizesse o itinerário em cinco horas, digamos, três horas adicionais de "pagamento de incentivo". Os resultados não foram exatamente aqueles que a cidade esperava. Os motoristas começaram a dirigir rápido demais, muitas vezes em caminhões com excesso de peso, sendo que em muitos casos o lixo nem sequer era recolhido. "Se você vincular dinheiro a incentivos, as pessoas não se concentrarão necessariamente no que é melhor para a organização", diz Sutton. "Irão se concentrar no que é preciso para obter o incentivo".

Isso, evidentemente, pode nos fazer enveredar por um caminho ético um tanto escorregadio. Em um estudo conduzido no ano passado, comparando 435 empresas que reformulavam seus lucros com outras que não o faziam, os pesquisadores da Universidade de Minnesota (Estados Unidos) constataram que quanto maior era a proporção de participação acionária no pagamento dos altos executivos, maior era a probabilidade de as empresas terem de reformular suas finanças. Em outras palavras, quanto maior a vinculação dos salários às opções de compra de ações, mais tentadora era a vontade de maquiar a contabilidade.

Assim sendo, por que tantas empresas ainda mantêm essa prática? Por pura inércia intelectual, garante Pfeffer: A certa altura, "a prática simplesmente passa a ser o que todo mundo faz; ninguém mais pensa sobre ela. As pessoas já não perguntam se é apropriada, se está de acordo com suas circunstâncias particulares. Já não perguntam o que quer que seja – simplesmente a executam". Os gestores não percebem que incentivos acionários raramente melhoram o desempenho das empresas. Mas deviam. "A lição aqui", escrevem os autores, "é uma variação de um velho adágio: Cuidado com o que você paga, pois pode consegui-lo."

Mito 2. Os pioneiros levam vantagem

Há algo nessa ideia que apela ao empreendedor que existe em todo executivo: seja o primeiro a entrar no mercado, e ele será todo seu. A vitória será sua.

Na verdade, porém, pode ser melhor para uma empresa, a longo prazo, ser a segunda ou mesmo a terceira. "Histórias de sucesso que sustentam a vantagem dos pioneiros provaram-se falsas", diz Sutton. "As pessoas creem nelas religiosamente, mas as evidências são contraditórias." Afinal de contas, há muitos pioneiros infames que *não* passaram a dominar seus mercados: a Xerox inventou o primeiro PC, a Netscape lançou o navegador de Internet, a Ampex produziu o primeiro VCR – e, no entanto, nenhuma dessas empresas logrou manter-se na liderança. Enquanto isso, a Microsoft ganhava a vida em segundo lugar: o Windows é uma cópia do Mac; o Excel seguiu-se ao Lotus 1-2-3; o Internet Explorer lançou-se aquecido pelo Netscape. Mas Bill Gates não está sozinho. Dificilmente se poderia dizer que a Wal-Mart foi a primeira varejista de descontos. Da mesma forma, a Apple não foi a primeira empresa a comercializar *MP3 players*, e a Amazon não foi a primeira a vender livros *on-line*. "À primeira vista, a coisa parece uma boa ideia", diz Sutton, "mas, tão logo se começa a desafiar certas premissas, descobre-se uma meia-verdade".

Muitos outros especialistas em gestão concordam. "Ainda estamos à procura da bala de prata: 'Se fizermos isso, nosso sucesso estará assegurado; se fizermos aquilo, garantiremos o fracasso'", diz Barry Staw, professor de liderança e comunicação da Haas School of Business da Universidade da Califórnia em Berkeley. Mas ser o primeiro a ingressar em um mercado não é necessariamente isso. "Boa parte da boa gestão consiste em fazer as coisas bem e constantemente", afirma Sutton. Muitos gestores tornam-se obsessivos por ser os primeiros, quando vir em segundo, por estranho que pareça, pode ser o caminho mais econômico e lucrativo para ser o melhor.

Mito 3. Demissões são uma boa maneira de cortar custos

Isso lembra economia básica. Se sua empresa tem 100 empregados e o orçamento está estourado em 10%, demitir 10 funcionários resolverá o problema. De um só golpe, lá se vão centenas de milhares de dólares em salários, benefícios de saúde e planos de aposentadoria 401(k). De uma hora para a outra, seu balanço financeiro parece muito melhor.

Não tão rápido, advertem Pfeffer e Sutton. Enquanto algumas pesquisas mostram que as demissões não têm qualquer efeito sobre o desempenho financeiro de longo prazo – na verdade, têm um efeito negativo, conforme apontam outros dados –, são poucos, se tanto, os estudos que alegam o contrário. De fato, um relatório recente da Bain & Co. descobriu que empresas que conseguem evitar demissões – mesmo em situação de aperto financeiro – terminam em melhor situação financeira a longo prazo.

Observe os recentes sucessos do SAS Institute, a maior empresa de capital fechado de *software* do mundo, e da Xilinx, fabricantes de circuitos integrados para computadores. Ambas as empresas lutaram com unhas e dentes contra a crise das pontocom acossadas pelo mesmo crescimento declinante de suas concorrentes, mas, apesar disso, evitaram as demissões – e a perda de serviços, inovação de produtos e desenvolvimento que geralmente as acompanham. Resultado: "O SAS ganhou uma bolada em plena crise", diz Pfeffer, ao atrair clientes frustrados com a míngua de serviços oferecidos pela concorrência. Em 2005, a Xilinx figurou no topo da lista da revista *Fortune* como a melhor empresa de alta tecnologia para se trabalhar. Ambas as organizações resistiram exitosamente à recessão e ainda estão contratando.

Há muitos gestores que coçam os dedos para apertar o gatilho das demissões. Em um estudo com 720 empresas conduzido pela American Management Association, 30% delas disseram ter sido obrigadas a recontratar as pessoas que haviam demitido ou tê-las como fornecedores. Há casos, obviamente, em que não é possível evitar as demissões, mas, antes de tomar essa medida drástica, moralmente arrasadora, cabe aos gestores considerar as inúmeras alternativas mais baratas de reduzir os custos – cortar as despesas de viagens, por exemplo, ou os salários executivos. Acredite ou não, medidas como essas podem até mesmo poupar dinheiro.

Mito 4. Fusões são uma grande ideia

Não é segredo que a vasta maioria das fusões não logra cumprir os benefícios que promete – cerca de 70% delas, segundo algumas estimativas. O mais incrível, no entanto, são os números absolutos de executivos que ainda tentam promovê-las. "Todos dizem conhecer os dados, mas todos garantem que isso não acontecerá com eles", diz Pfeffer. Os banqueiros batem à porta, os PowerPoints explodem, sente-se o cheiro do sangue na água, e as empresas fecham os olhos e dão seus saltos de fé. "Se um estudioso lhes diz que em 70% dos casos as coisas irão piorar ao invés de melhorar, e ainda assim as pessoas continuam a fazê-lo, bem, isso só pode ser loucura", diz Sutton.

A maioria das fusões não consegue preencher as expectativas, por uma das três razões a seguir: As empresas são muito parecidas em tamanho (DaimlerChrysler), estão geograficamente muito distantes (SynOptics e Wellfleet Communications) ou suas diferenças culturais são demasiado profundas (AOL-TimeWarner).

A fusão da Hewlett-Packard com a Compaq, em 2001, é um exemplo da perfeita tormenta: Duas empresas de porte rigorosamente igual, uma localizada no Vale do Silício e a outra em Houston, lutam com unhas e dentes contra suas culturas fundamentalmente diferentes. (Um exemplo: os funcionários da HP utilizavam o correio de voz para comunicar-se; os da Compaq preferiam o *e-mail*. "Assim, eles literalmente não podiam falar uns com os outros", diz Sutton). O resultado? Uma queda vertiginosa que, no último ano, custou o emprego de Carly Fiorina.

No entanto, há algumas empresas – como a Cisco Systems, por exemplo – que parecem ser exceções a essa regra. A partir de 1993, a Cisco adquiriu um total de 108 empresas sem nenhum grande contratempo. O segredo? Seus altos gestores observaram o que dava certo e o que dava errado nas fusões de outras empresas – e usavam as evidências a seu favor. Evitaram a tentação do "grande negócio", privilegiando aquisições menores, direcionadas. Haviam aprendido a confiar em seus instintos: "Quando se está passando pelo processo de negociação, é como estar namorando", diz Dan Scheinman, vice-presidente sênior de desenvolvimento corporativo da empresa. "Se não gostamos da pessoa com quem estamos saindo, casar com ela não vai resolver o problema." Mais importante, no entanto, é que a organização segue o que prega: "Muitas empresas tratam [as fusões] como um acontecimento: 'Conseguimos; tivemos a conferência de imprensa; está feito', diz ele. "Para nós, depois que realizamos a aquisição, partimos para a próxima etapa, e depois para a seguinte." A gestão baseado em evidências parece funcionar: quase metade dos 10 mil empregados contratados pela Cisco nos últimos 12 anos permanece com a empresa.

Mito 5. Vida e trabalho devem ficar separados

Eis um truísmo que permeia praticamente todos os edifícios de escritórios dos Estados Unidos. Namoros e casamentos entre colegas de escritório são inaceitáveis. Não são oferecidos empregos a pessoas "sorridentes demais". E os parceiros seniores desaprovam a presença de cães e crianças no escritório. "Vocês precisam considerar seu colega de trabalho como um inimigo", disse certa vez a seus empregados o ex-CEO James Halpin, da CompUSA.

Mas espere um instante. Por que razão as empresas estão tão determinadas a manter trabalho e vida pessoal separados? Certamente há muitas evidências de que empresas dispostas a eliminar a linha entre trabalho e diversão não estão pagando por isso. O Google, por exemplo, possibilita a seus funcionários trabalhar 70% de seu tempo no negócio central da empresa, e os 30% restantes em outros projetos relacionados a novos negócios – algo semelhante ao que fariam por diversão. Será que isso funciona? A prova talvez esteja no pudim*. Desse "tempo livre" nasceram o Google News, o Google Earth e o Google Local.

---

* N. de T.: Referência ao provérbio inglês *the proof of the pudding is the eating*, ou seja, só se pode saber se o pudim é bom comendo-o.

A Southwest Airlines deu um passo adiante: jogou a velha máxima acerca dos relacionamentos entre colegas de escritório pela janela. Cerca de 2.200 dos 32.000 empregados da empresa são casados com alguém da Southwest. "Dizemos a nossos empregados, já no primeiro dia, sobre o fato de sermos uma grande família", disse aos autores Colleen Barrett, presidente da empresa. "Se você parar para pensar um pouco, 20 segundos que sejam, as coisas que fazemos são as mesmas que faríamos com nossas famílias". A Southwest envia cartões de aniversário e cartas de congratulação a cada um de seus novos contratados por ocasião do aniversário de sua contratação. A empresa reconhece quando os filhos dos funcionários estão doentes ou quando há morte na família. E a mensagem parece ter sido compreendida: um estudo das maiores companhias do setor aéreo norte-americano constatou que os empregados da Southwest, de fato, referiram-se à empresa como uma extensão de sua própria família. Eles usam o "nós" para descrever seu empregador. Com efeito, a Southwest atrai cerca de 30 ou mais candidatos para cada vaga de emprego. Separar trabalho e vida pessoal é tarefa inútil, garante Pfeffer. "A ideia de que se pode separar uma coisa da outra é simplesmente impossível". Quanto mais empresas percebam isso, mais cedo *trabalho* deixará de ser uma palavra maldita*

Fonte: Justin Ewers, *U. S. News and World Report*, 19 March 2006. Copyright 2006 *U. S. News and World Report*, L. P. Reimpresso com permissão.

POR QUE A MAIORIA DOS GESTORES SÃO PLAGIÁRIOS
POR LUCY KELLAWAY

Alguns anos atrás, William Swanson, chefe da maior fabricante de mísseis do mundo, decidiu escrever um pequeno livro revelando os segredos de sua própria grandeza.

Nada de extraordinário nisso. Afinal, a maioria dos executivos adora distribuir sabedoria enlatada, e muitos consideram seus aforismos dignos de publicação. As regras do sr. Swanson, 33 ao todo, estavam um pouco acima da média desse lamentável gênero literário. O conteúdo era a mescla habitual de platitudes, pensamento mágico e estupidez pura e simples; no entanto, o estilo era suficientemente lúcido e o volume de jargões, relativamente baixo.

Para você ter um gostinho da coisa, vejamos a regra 32: jamais perca seu senso de humor. A mensagem é clara, mas entediante e totalmente inútil. Além do mais, tudo indica que sr. Swanson não seguiu à risca o próprio conselho, pois alguém que se propõe a publicar uma coleção de máximas só mostra que perdeu o senso de humor há muito tempo.

---

* N. de T.: No original, *"The more companies that realize it, the sooner* work *won't have to be a four-letter word"*. Os autores relacionam *work* (trabalho) ao conjunto de palavras inglesas ditas profanas ou ofensivas compostas de quatro letras: *damn, fuck, hell, piss, shit,* etc.

Sua empresa, a Raytheon, distribuiu mais de um quarto do milhão de exemplares de *Unwritten Rules of Management*, que parece ter agradado suficientemente ao grande Warren Buffett, que encomendou mais duas dezenas de exemplares.

A história teria terminado nessa nota feliz, apesar de um tanto monótona, não fosse um jovem engenheiro perceber que 17 das regras de Swanson guardavam misteriosa semelhança com um livro intitulado *The Unwritten Laws of Engineering*, de W. J. King, publicado em 1944. O jovem relatou a descoberta em seu *blog* – e dali a história foi parar nos jornais.

Mostrando certo embaraço, o sr. Swanson tentou minimizar a situação, mas na última semana foi notificado por seu conselho de administração que cometera um erro e deveria ser punido renunciando a seu aumento salarial do ano. Em todo caso, os membros do conselho fizeram questão de salientar que ainda o tinham como um líder excepcional e declararam que, apesar dos pesares, ele seguiria no cargo. Um certo rubor aqui, uma palmadinha ali – mas, de resto, o bom e velho *business as usual*.

O que, então, podemos aprender com este curioso relato? Atrevo-me a dizer que poderia tirar daqui, no mínimo, 33 máximas gerenciais, mas, em observância à regra 6 (adiante), vou limitar as minhas a sete.

1 *Não há novas regras gerenciais sob o sol.* Peter Drucker já disse praticamente tudo o que valia a pena dizer sobre a prática da gestão muito tempo atrás. De lá para cá, o que se tem visto é uma interminável repetição. Se as máximas de CEO são verdadeiras, é porque provavelmente já foram ditas.

2 *A própria gestão envolve plágio.* Essa é a primeira grande regra que todo gestor que se pretenda sério deve saber: certifique-se de levar o crédito pelas ações e ideias alheias –não todas, talvez, mas uma quantidade saudável. Admitindo-se esse fato elementar da vida gerencial, o crime do sr. Swanson parece bem menos grave. Copiar as palavras de alguém parece menos grave do que fazer sistematicamente com que ideias de colegas passem como nossas, algo que a maioria dos gestores faz sem pestanejar, todos os dias.

3 *Uma exceção à regra 1. Se você cometeu um erro, coloque em operação o plágio ao contrário.* O segredo agora consiste em tentar atribuir a outra pessoa a autoria do que você fez. A tarefa pode ser difícil, e o sr. Swanson fracassou rotundamente. Questionado pelo *New York Times* sobre seus hábitos plagiários, Swanson alegou que havia repassado o livro de 1944 e as anotações que fizera a um funcionário, para que este redigisse a apresentação, de modo que não tinha a menor ideia de quanto do material não eram suas próprias palavras. Qualquer justificativa vale, mesmo a mais esfarrapada.

4 *Se você realmente deseja copiar o trabalho de alguém, mude um pouco a ordem das palavras.* Como escreveu King, "Seja extremamente cuidadoso com a precisão de seus enunciados". Certamente havia muitos outros meios de expressar essa mesma – nada espetacular – opinião. Mas qual não foi a construção frasal escolhida pelo sr. Swanson? "Seja extremamente cuidadoso com a precisão de seus enunciados".

5 *Se você ignorou a regra 4 e foi apanhado plagiando livros de administração, não recorra à desculpa clássica do sr. Swanson* – de que absorveu o material inconscientemente ao longo de uma vida de leituras. Isso não cola. Já li dezenas de livros de administração ao longo da vida e não sou capaz de lembrar uma só frase deles.
6 *Se você faz questão de listar máximas, 33 são um exagero.* Deus se satisfez com 10. Mas sete pode ser ainda melhor.
7 *Os conselhos de administração não devem ficar em cima do muro.* Ou você está comigo ou está contra mim – eis a natureza da questão. Se o conselho da Raytheon considerasse que Swanson cometeu um erro gravíssimo (que, a meu ver, não cometeu, dado o contexto atual), deveriam tê-lo demitido. Do contrário, ele enrubesceria, pediria desculpas e seguiria em frente.

Se você está tentando ser um líder empresarial, parecer um perfeito idiota não vai ajudá-lo

E agora um princípio que plagiei do *New York Times*: *peixes grandes saem impunes novamente*. Kaavya Viswanathan, a estudante de 19 anos de Harvard cuja badalada novela continha partes inteiras copiadas de outros livros, adquiriu *status* de vilã nacional, e sua carreira como escritora foi arruinada. Enquanto isso, o sr. Swanson, de 57 anos, responsável por 80 mil empregados e pelo *kit* utilizado pelas Forças Armadas, revelou grave carência de integridade e, no entanto, pôde seguir em frente sem maiores constrangimentos.

Definitivamente não aceito isso. O que ele fez não foi tão grave quanto o que ela fez. Novelas propõem-se a ser novas – esse é seu propósito. Sabemos que líderes empresariais falam muita besteira. Mas saber se essa besteira é de sua própria autoria ou de autoria alheia não vem ao caso.

Em seu livreto, o sr. Swanson expressava a esperança de que, após a leitura, "talvez você também possa tornar-se líder de uma empresa". Caso alguém tenha tirado proveito dessas palavras – o que me parece francamente inconcebível –, espero que o breve relato que apresentei aqui tenha ensinado algo ainda mais útil. Escrever um livro de máximas é um exercício de vaidade e um risco a longo prazo. O resultado do esforço do sr. Swanson é que agora ele parece um idiota.

Isso me leva à minha última e estonteantemente óbvia máxima: *se você está tentando ser um líder empresarial, parecer um idiota não vai ajudá-lo.*

Fonte: Lucy Kellaway, FT.com, 7 May 2006.

O mainstream é uma corrente forte demais para se levar em conta.
Paul Shepheard, em What is Architecture.

CAPÍTULO 6
MESTRES EM GESTÃO?

Educação, s. "Aquilo que revela ao sábio e esconde ao tolo sua falta de conhecimento" [Ambrose Bierce, O Dicionário do Diabo, 1906]

Se há uma mensagem em tudo o que vimos até aqui, é a de que gestão é uma prática, aprendida em um contexto. Jamais houve um gestor, que dirá um líder, criado numa sala de aula. Com isso em mente, o Capítulo 6 examina mais de perto a "educação" "gerencial".

Quem são os "mestres em gestão"? Há quem culpe a educação. Mas os programas de MBA não são muito melhores, argumenta Henry Mintzberg em trechos retirados de seu livro MBA? Não, obrigado. *Neles, Henry fala sobre a conversão do estudante Jack em um estudo de caso apócrifo de Harvard; apresenta uma lista de impressões pessoais um tanto preocupantes sobre o ensino ministrado na Harvard Business School; revela dados surpreendentes sobre o desempenho dos melhores CEOs da instituição; e, costurando tudo isso, traça a comparação de um estudante de MBA que visitou seu escritório com um rapaz da manutenção chamado para remover os insetos das luminárias. Adivinhe qual dos dois terá lançado mais luz sobre a gestão?*

Philip Broughton, como recente MBA, lançou considerável luz sobre seus compatriotas nesta caótica economia. O mesmo fez Andrew Policano, em um comentário sobre os jogos de classificação praticados por seus colegas coordenadores de MBA – muito semelhantes, aliás, à loteria ilegal praticada pelos CEOs – apesar de todos aqueles cursos de ética.

Dito isso, talvez seja hora de educar para valer.

MBA? NÃO, OBRIGADO!
POR HENRY MINTZBERG

A vez de Jack

> *[Nos cursos, os estudantes] esperam que você lhes dê "a resposta"...*
> *O que dizemos no método de estudo de caso é: "Olhe, sei que você não tem informações suficientes – mas, levando em conta as informações que tem, o que vai fazer?"[1]*

"Ok., Jack, agora você está na Matsushita: o que vai fazer?" O professor e os 87 colegas de Jack aguardam ansiosamente sua resposta à inesperada convocação. Jack está preparado; pensara nessa situação durante muito tempo, desde quando lhe disseram que o método de estudo de caso propunha-se a "desafiar o pensamento convencional". Disseram-lhe também, repetidas vezes, que os bons gestores são decisivos – logo, bons estudantes de MBA precisam tomar posição. Assim, Jack respira fundo e responde.

"Como posso responder a essa questão?", começa. "Até ontem, mal havia ouvido falar da Matsushita. E hoje o senhor quer que me pronuncie sobre a estratégia da empresa..."

"Na noite passada, tinha dois outros casos para preparar. Para a Matsushita, com suas centenas de milhares de empregados e milhares de produtos, levei algumas horas. Li o caso rapidamente e depois o reli, digamos, não tão rapidamente. Que eu saiba, jamais usei algum de seus produtos. (Até ontem nem sequer sabia que a Matshushita fabrica a Panasonic.) Jamais visitei qualquer de suas fábricas. Jamais estive no Japão. Jamais conversei com algum de seus clientes. Certamente não conheço nenhuma das pessoas mencionadas no caso. Além disso, o assunto envolve muita alta tecnologia, e sou o típico sujeito "subtecnológico". Adquiri minha modesta experiência profissional numa fábrica de móveis. E tudo o que preciso fazer é percorrer essas 20 páginas. Esse é um exercício superficial. Recuso-me a responder a sua pergunta!"

O que terá acontecido a Jack? Deixarei que você adivinhe. Mas dali Jack retorna ao negócio de móveis, onde mergulha em seus produtos e processos, conhecendo a fundo as pessoas e o setor. É particularmente um grande fã de sua história. Aos poucos, com a coragem de ser decisivo e desafiar o pensamento convencional, ele ascende ao posto de CEO da empresa. Lá, sem praticamente qualquer análise setorial (o que viria em um curso posterior), ele concebe uma estratégia que transforma o setor.

Enquanto isso, Bill, que está sentado ao lado de Jack, toma a palavra. Ele também jamais esteve no Japão (embora soubesse que a Matshushita fabrica a Panasonic). Bill emite uma ou duas observações inteligentes e garante seu MBA. O

MBA lhe garante emprego numa prestigiada firma de consultoria, onde, como nas aulas de estudo de caso que frequentara, ele passa sucessivamente de uma situação a outra, sempre emitindo uma ou duas observações inteligentes sobre assuntos que ignora por completo, e sempre partindo antes de sua implementação. Conforme vai acumulando esse tipo de experiência, não demora até que se torne diretor-executivo de uma grande empresa de utensílios. (Jamais prestara consultoria para esse tipo de empresa, mas lembrou do caso da Matshushita.) Lá chegando, formula uma elegante estratégia de alta tecnologia, implementada mediante um radical programa de aquisições. O que terá acontecido? Adivinhe de novo.

> *Os leitores [de Kelly e do livro de Kelly* What They Really Teach You at the Harvard Business School] *devem estar se perguntando – ler o caso e fazer essa análise em duas a quatro horas? Sim, é a resposta da Harvard. Os estudantes precisam preparar dois a três casos por dia... Logo, precisam suar a camisa para concluir suas análises de maneira rápida e, ao mesmo tempo, eficiente*[2].

A impressão deixada pela educação MBA

1 Os gestores são pessoas importantes que se situam acima das outras, alheias às atividades de confecção de produtos e venda de serviços. Quanto mais alto "sobem", mais importantes se tornam. No "topo" da hierarquia corporativa, figura o diretor-executivo, que *é* a própria organização (ainda que só tenha chegado na véspera).

2 Gerenciar consiste em tomar decisões baseadas em análises sistemáticas. Logo, consiste em julgar (*deem*). É mais ciência do que arte, sem qualquer menção a ofício.

3 Os dados que embasam tais decisões provêm de breves e convenientes pacotes de palavras e números, conhecidos nas faculdades como casos e na prática como relatórios. Para a tomada de decisões, os números são "massageados", e as palavras debatidas, talvez acrescidas de algumas considerações de natureza "ética".

4 Abaixo desses gestores figuram suas organizações, separadas impecavelmente – como os programas de MBA – em funções de finanças, *marketing*, contabilidade, etc., cada qual aplicando seu próprio repertório de técnicas.

5 Para articular essas funções, os gestores pronunciam "estratégias" muito especiais que, apesar de misteriosas, podem ser compreendidas por pessoas que aprenderam análise setorial e tiveram oportunidade de formular muitas delas em alguma aula de estudo de caso.

6 As melhores estratégias são claras, simples, deliberadas e ousadas, como aquelas elaboradas pelos heroicos líderes apresentados nos estudos de caso mais interessantes.

7 Tão logo esses gestores com MBA terminam de formular suas estratégias, todas as outras pessoas – conhecidas como "recursos humanos" – precisam cor-

rer feito loucas para implementá-las. A implementação é importante porque diz respeito à ação, algo que os gestores devem controlar, mas jamais fazer.

8 Essa implementação não é, contudo, tarefa simples, pois, enquanto os gestores que frequentaram a escola de administração adotam a mudança, muitos dos recursos humanos resistem a ela. Consequentemente, os gestores são obrigados a "passar por cima da burocracia", servindo-se de técnicas formulistas, e então "delegar poder" a quem quer que tenha restado para executar o trabalho para o qual foram contratados. Esse não gestor deve sempre mudar.

9 Para tornar-se essa espécie de gestor – melhor ainda: um "líder" que ascende acima de todos –, você precisa, antes de tudo, frequentar dois anos de uma escola de administração.

O desempenho dos melhores de Harvard

No começo dos anos 2000, topei com o livro *Inside the Harvard Business School*, um livro de David Ewing publicado em 1990. Ewing acreditava ser a pessoa certa para escrever uma obra como essa, já que tivera a oportunidade de "observar internamente a escola por quatro décadas, tendo conhecido pessoalmente a maior parte de seus líderes, lecionado e participado de muitas de suas lutas". Assim, partindo do "ponto de vista de um *insider*", ele tratou de "responder algumas questões" [entre elas: por que a escola 'tornou-se' tão 'importante'?]" (p. 7).

1 Já nas primeiras páginas do livro (pp. 4-5), Ewing apresenta uma lista dos alunos de Harvard que "chegaram ao topo" do mundo dos negócios – 19 pessoas ao todo, supostamente os *superstars* da instituição. Uma amostra tendenciosa como poucas. Por isso mesmo decidimos utilizá-la. (Joe Lampel juntou-se a mim na análise.)

Tínhamos a vantagem da visão em retrospecto: mais de uma década se passara desde a publicação da lista... "o verdadeiro teste da [Harvard Business School] está... no desempenho de seus alunos", escreve Ewing (p. 274). Qual, então, terá sido o desempenho desses ditos melhores alunos de Harvard – não para chegarem ao topo de suas organizações, mas à frente de sua gestão?

2 Numa palavra: ruim. Consultando os registros de fins de 2003... 10 dos 19 parecem claramente ter fracassado (o que significa dizer que suas empresas foram à falência, eles foram demitidos do posto de CEO, uma grande fusão foi por água abaixo, etc.) O desempenho de outros quatro poderia ser considerado questionável, para dizer o mínimo. Alguns desses 14 CEOs construíram ou reconstruíram empresas – em movimentos notáveis e radicais – apenas para vê-las enfraquecer ou sucumbir dramaticamente. Nenhum dos 14 deixou atrás de si um empreendimento sólido e sustentável.

3 Joe Lampel notou uma tendência quase sempre fatal de se buscar uma fórmula – algum tipo de técnica genérica – desconsiderando quaisquer nuances e a

despeito das pessoas e dos problemas de execução. Ao que parece, estudantes inexperientes que procuram aplicações "práticas" na sala de aula acabam por se tornar gestores incoerentes que buscam respostas fáceis no exercício da função.

4 Logo, o que podemos concluir disso? Não que o MBA seja um grau disfuncional que arruíne todos que o obtenham; há graduados nesses programas que obtiveram sucesso em suas carreiras, assim como outros que fracassaram tristemente. As evidências que apresentamos aqui não são definitivas, mas deveriam nos fazer desconfiar desse influente título. Ter um MBA não deveria qualificar as pessoas para a gestão mais do que desqualificá-las. No entanto, os dados que fornecemos certamente deveriam fazer soar o alarme: o MBA confere vantagens importantes a muitas pessoas erradas. Em outras palavras, as pessoas precisam adquirir suas cicatrizes gerenciais no trabalho – um processo que não deve ser acelerado na sala de aula. Nenhuma empresa deve tolerar a "via expressa" (*fast track*).

O MBA e o removedor de insetos

Alguns anos atrás, estava eu sentado em meu escritório, na faculdade de administração do INSEAD, perto de Paris, quando ouvi duas batidas à minha porta, separadas pelo intervalo de duas semanas. A primeira fora dada por um estudante de MBA prestes a completar os estudos. Queria saber a respeito da Bombardier, a ambiciosa companhia canadense. Ouvira coisas boas sobre a empresa e cogitava candidatar-se a um emprego lá. Queria saber se a companhia era mesmo tão boa quanto diziam e se, em minha opinião, conseguiria manter seu sucesso por "mais 10 ou 15 anos". (Outro MBA disposto a correr riscos!)

Como eu poderia saber?, perguntei. Neste momento, eles estão indo bem, sem dúvida. Mas quem pode saber o que acontecerá no futuro, depois que o sujeito que construiu o lugar decidir pendurar as chuteiras, ou se a empresa enfrentar algum problema com um de seus aviões? (Mais tarde, o fundador realmente se aposentaria. E a empresa teria problemas com um de seus trens.) Além disso, perguntei, por que haveriam de contratá-lo? Você tem alguma experiência em suas áreas de aviação, equipamentos de transporte, veículos esportivos? Deveriam contratá-lo só porque você tem um MBA?

Estou certo de que ele encontrou um bom emprego, se não na Bombardier, em alguma outra empresa que tenha ficado feliz por poder contar com sua experiência, fosse lá qual fosse.

Passadas duas semanas, ouvi uma nova batida, bastante diferente. Viera de um rapaz da manutenção, mandado ali para remover os insetos presos em minhas luminárias. Era do tipo tagarela e estava bem informado das coisas sobre as quais queria conversar. Disse-me que lia todos os tipos de documentos da OCED [Organização para a Cooperação e Desenvolvimento Econômico] e que estava preocupado com muitas das tendências que observara. "Logo que comecei no emprego, a gente trabalhava como uma equipe. Havia o chefe, é claro, mas ele era o mais informado de nós; seu trabalho era treinar o pessoal mais jovem." Agora tudo isso havia mudado, lamentava; títulos e *status* assumiram o controle. Os chefes geralmente não sabem o que está acontecendo. O antigo modelo de liderança, que respeitava os trabalhadores e conhecia o ofício, era melhor. Preocupava-lhe que a sociedade estivesse se encaminhando para uma situação perigosa.

Ao deixar a sala, agradeceu-me, dizendo sentir-se muito melhor por ter tido a oportunidade de discutir o assunto comigo. Respondi que sentia o mesmo, embora duvide que ele pudesse imaginar o quanto!

Temos aqui duas visões bastante distintas do papel da liderança na sociedade. Qual das duas você escolheria? Com efeito, nós temos uma escolha.

Referência

Ewing, D. W., *Inside the Harvard Business School: Strategies and Lessons of America's Leading School of Business*, Times Books, 1990.

Notas

1 Lieber (1999), citando Roger Martin, 'Learning and change', *Fast Company*, 30, 262.
2 Kelly, F. e Kelly, H.M., *What they realy teach you at the Harvard Business School*, Warner, 1986:46.

Fonte: Excerpted from Henry Mintzberg, Managers Not MBAs, FT/Prentice Hall, 2004.

OS MESTRES DO APOCALIPSE DE HARVARD
POR PHILIP DELVES BROUGHTON

Se seus colegas MBAs de Harvard são tão inteligentes, por que tantos deles caíram em desgraça?

Se Robespierre ascendesse do inferno à procura de carne fresca para guilhotina, poderia começar por uma lista daqueles que ostentam três iniciais incriminadoras ao lado do nome: MBA. Os *Masters of Business Admistration*, essa empolada classe de cuspidores de jargões, financistas e consultores destruidores de valor, têm contribuído mais do que qualquer outro grupo humano para a miséria econômica em que nos encontramos hoje.

Do Royal Bank of Scotland à Merrill Lynch, passando pela HBOS e pela Lehman Brothers, os Mestres do Desastre têm suas impressões digitais em cada fiasco financeiro recente.

Escrevo na condição de detentor do título de MBA da Harvard Business School (HBS) – outrora considerado o convite dourado para as riquezas do mundo, mas hoje mais parecido com a letra escarlate da vergonha. Nós, MBAs, somos assombrados pelo pensamento de que o rótulo significa, realmente, Medíocre. Mas também Arrogante, Atitude de Todo-Poderoso, Eu Antes dos Outros e

Gestão por Acidente. Para os propósitos atuais, talvez devesse significar Mestres do Apocalipse Empresarial.

Pelas salas de aula da HBS passaram, entre outros, Stan O'Neal e John Thain, os dois últimos diretores da Merrill Lynch; Andy Hornby, ex-diretor-executivo da HBOS e primeiro lugar em sua turma de graduação. E, é claro, temos George W. Bush, Hank Paulson, o ex-secretário do Tesouro, e Christopher Cox, ex-*chairman* da Securities and Exchange Commission (SEC, comissão de títulos e câmbio norte-americana), uma notável trindade que foi muito além da missão de sua *alma mater*: "Formar líderes que façam a diferença no mundo".

Apenas que a diferença não foi exatamente a que a escola esperava.

Com efeito, as faculdades de administração têm demonstrado notável capacidade de não perceber as catástrofes econômicas que se desenrolam diante de seus próprios olhos.

No final da década de 1990, suas faculdades apressavam-se em tecer loas à Enron, a empresa do futuro, o novo paradigma econômico. E a admiração era mútua: a Enron estava abarrotada de alunos da HBS – de Jeff Skilling, o diretor-executivo, para baixo. Tão logo a empresa entrou em colapso, corrompida que estava até a raiz, os velhos estudos de caso foram jogados na privada e retirados do plano de estudos. Para seu lugar foram prontamente escritos novos casos tratando das questões de ética e responsabilidade suscitadas pelas desventuras da Enron.

Algo muito semelhante parece ter acontecido com o Royal Bank of Scotland (RBS).

Durante minha época de estudante da HBS, entre 2004 e 2006, lembro-me de um distinto professor de comportamento organizacional, Joel Podolny, a nos falar orgulhosamente de seu trabalho com Fred Goodwin no RBS. Àquela época, o RBS era como um supermodelo corporativo, e Podolny estava ansioso para trombetear o papel que tivera na transformação. Um estudo de caso sobre a empresa intitulado *"The Royal Bank of Scotland: Masters of Integration"*, escrito em 2003, começava com uma citação do homem que hoje conhecemos como "Fred the Shred" (Fred, o Triturador), ou o "Pior Banqueiro do Mundo": "Trabalho duro, foco, disciplina e concentração nas necessidades de nossos clientes. De fato, uma fórmula bastante simples, mas que temos seguido à risca".

No caso em apreço, os autores, dois professores da HBS, descreviam a "nova arquitetura" formada pelo RBS após sua aquisição da NatWes, os aglomerados de unidades voltadas para os clientes, a exitosa adesão dos empregados. Goodwin surgia como um verdadeiro mestre da gestão: "O trabalho de um líder consiste em criar as condições que possibilitam às pessoas acreditar, em seus corações e mentes, no valor do que estão fazendo".

Eis que, então, em dezembro passado, a HBS revisou e republicou outra homenagem ao RBS – *"The Royal Bank of Scotland Group: The Human Capital Strategy"*.

É trágico ler hoje todo o esforço empreendido pelos subordinados de Goodwin, desde "pesquisas de tomada de pulso" (*pulse surveys*) para monitorar o desempenho dos empregados até o "the big thank you", um *wesbsite* no qual os gestores podiam reconhecer a excelência individual nos serviços ao cliente.

Dir-se-ia que toda nova ideia da moda oriunda das faculdades de administração era implementada no ato, enquanto o que realmente importava – a avaliação de risco do banco, seu fluxo de caixa e estrutura de capital – era mandado às favas. Diga-se, a bem da verdade, que nem Podolny, nem os autores dos estudos de caso eram professores de finanças, mas ainda assim é chocante que uma escola que se propõe a ensinar administração geral não tenha percebido os problemas escancarados da empresa que investigava tão a fundo.

Haveria um padrão aqui? Recue até os anos 1980 e você verá que os MBAs de Harvard tiveram um papel suficientemente expressivo nos escândalos de abusos de informações privilegiadas (*insider trading*) que varreram Wall Street; a ponto de o ex-*chairman* da SEC considerar uma medida adequada doar milhões de dólares para o ensino de ética na faculdade.

Vezes e mais vezes, escândalo após escândalo, parece que a mesma escola que forma apenas 900 alunos por ano se encontra bem no meio do turbilhão. Apesar disso, o arrependimento é notavelmente modesto.

Em outubro passado, a HBS celebrou seu centésimo aniversário com um encontro global em Boston. Enquanto Wall Street e Washington mergulhavam em um inferno econômico, Jay Light, o coordenador da instituição e membro do conselho de administração do grupo de capital privado Black-stone, abria as festividades eximindo-se de qualquer responsabilidade.

"Nós todos não conseguimos perceber o quanto [o sistema financeiro] havia mudado nos últimos 15 anos, e quão debilitado poderia estar devido à maior alavancagem, à menor transparência e à menor liquidez: três elementos cruciais no mundo dos mercados financeiros", disse.

"Nós todos não conseguimos perceber até que ponto essa fragilidade poderia evidenciar-se em um sistema de crédito a curto prazo congelado, algo que não acontecia desde 1907. É provável que também tenhamos superestimado a capacidade do processo político de lidar com as consequências de um problema real, caso ele acontecesse.

"O que testemunhamos é um assombroso e preocupante fracasso das salvaguardas financeiras, dos mercados financeiros, das instituições financeiras e, principalmente, da liderança em muitos níveis. Não procuraremos culpados. Isso não interessa. Devemos, isto sim, empenhar-nos na solução do problema."

Você provavelmente pensaria que, depois de fracassar em tantos níveis, a escola responsável por formar mais líderes empresariais que qualquer outra poderia sentir algum remorso. Nem de longe. A instituição segue firme e forte, com as mesmas pessoas que demoliram a tubulação financeira mundial agora exigindo conserto para o vazamento.

Você pode elaborar uma lista dos maiores empreendedores da história recente, de Larry Page e Sergey Brin, do Google, a Bill Gates, da Microsoft, passando por Michael Dell, Richard Branson, Lakshmi Mittal – e não encontrará um único MBA entre eles.

Apesar disso, a indústria do MBA continua a crescer, e as faculdades de administração fornecem receita vital às instituições acadêmicas: 500 mil pessoas ao redor do mundo obtêm a cada ano seu diploma de MBA, 150 mil delas somente nos Estados Unidos, criando sua própria casta gerencial dentro dos negócios globais.

Tendo em vista o presente caos, não deveríamos estar nos perguntando se a educação gerencial não só é uma perda de tempo, como também algo nocivo à nossa saúde econômica?

Não deveríamos estar nos perguntando se a educação gerencial não só é uma perda de tempo, mas algo nocivo à nossa saúde econômica?

Se os médicos ou os advogados provocassem tamanha devastação em suas profissões, certamente reconsideraríamos o que é ensinado nas faculdades de medicina e de direito.

Durante o tempo que passei na faculdade, 50 estudantes foram escolhidos para participar de um detalhado estudo de seu desenvolvimento. Scott Snook, o professor que conduziu o estudo, relatou que cerca de um terço dos estudantes estavam inclinados a definir certo ou errado baseados simplesmente no que os demais faziam.

"Eles definitivamente são incapazes de recuar e adotar uma visão crítica", disse ele. "São totalmente definidos por outros e pelos resultados das ações de outros."

Um grupo de pessoas que não é capaz de enxergar suas ações no contexto mais amplo da sociedade em que vive não tem chance em um mercado autorregulado. E, no entanto, no setor de serviços financeiros é precisamente isso o que se exige e, em grande medida, o que se obtém – com consequências catastróficas.

Os mais felizes da minha turma, que se graduaram sob as auspiciosas condições econômicas de 2006, agora certamente são aqueles que partiram para trabalhos pouco glamorosos: um amigo que rejeitou Wall Street para juntar-se a uma empresa industrial do Meio-Oeste e que agora dirige a divisão agrícola de um conglomerado indiano; outro que ingressou numa fundação que promove o empreendedorismo; outro que entrou para o governo municipal de Boston; outro que se mudou para a Rússia para operar uma cadeia de cinemas.

No entanto, eles são raridade: 42% dos alunos da minha classe ingressaram no setor de serviços financeiros e outros 21%, no setor de consultoria, ambos miseráveis para se atuar – hoje e no futuro próximo.

De modo geral, as inscrições em escolas de administração estão em alta na América e na Europa, já que as pessoas procuram um refúgio da recessão. O que será que estão pensando? Muitos empregos para MBAs não voltarão mais. Estudantes que desembolsam mais de 60 mil libras por um MBA de dois anos podem aguardar uma longa espera para consegui-los de volta.

Para os que estão prestes a graduarem-se em faculdades de administração, os tempos são cinzentos. As empresas financeiras e de consultoria, que absorviam dois terços dos MBAs das principais faculdades de administração do mundo, praticamente desapareceram dos *campi*. De uma hora para outra, empregos no governo e em organizações sem fins lucrativos passaram a ser altamente cobiçados por estudantes que costumavam escarnecer dos salários que ofereciam.

Já passou da hora de os MBAs e das faculdades de administração mostrarem alguma dose de modéstia. E não será de Harvard que ela virá. Como disse Light à sua audiência em outubro: "A necessidade de liderança no mundo atual é no mínimo tão grande quanto sempre foi. A necessidade do que fazemos é no mínimo tão grande quanto sempre foi".

Uma afirmação ousada, em resposta a qual muitos diriam: por favor, poupe-nos.

Fonte: "If his fellow Harvard MBAs are so clever, how come so many are now in disgrace?", Philip Delves Broughton, *The Sunday Times*, 1 March 2009. © The Times 1 March 2009/nisyndication.com.

OS JOGOS PRATICADOS PELAS ESCOLAS DE ADMINISTRAÇÃO
POR ANDREW J. POLICANO

Se seu programa de MBA integra o grupo pouco invejável dos programas que figuram abaixo dos 25 primeiros colocados no *ranking* da *Business Week* e da *U. S. News & World Report*, você sem dúvida deve estar sofrendo constante pressão por parte de seus estudantes, alunos e doadores para ingressar no seleto grupo dos 25. Os seguintes... passos, [entre outros], podem fazê-lo chegar lá...

- *Ofereça aos estudantes de MBA uma ampla variedade de serviços ao estudante*, incluindo desjejuns e almoços grátis... e estacionamento livre...
- *Eleve a pontuação do GMAT de sua turma de MBA para acima de 650 pontos...* Você precisará reduzir o número de alunos do programa... e jamais admitir estudantes com baixa pontuação, mesmo que mostrem forte potencial.
- *Ofereça mais serviços aos recrutadores*, incluindo estacionamento com manobrista, refeições grátis, cestas de frutas nos quartos de hotéis e uma *lounge area* confortável.

- *Elimine programas sem fins lucrativos e outros cursos de MBA que produzam graduados empregados em cargos mal remunerados...*
- *Incentive todos que se interessem por [seu] programa, especialmente estudantes pouco qualificados, a candidatar-se a uma vaga...* (A *U. S. News* utliza, como medida de seletividade, o número de admissões dividido pelo número de candidatos.)...
- *Eleve substancialmente a receita do programa de MBA; US$ 50 mil por estudante é uma boa meta...* você precisará realocar os fundos... [por exemplo, diminuindo] o tamanho e/ou o custo de seu(s) programa(s) de graduação [e doutorado] [e desviando] recursos de apoio à pesquisa acadêmica para os programas de MBA...

Se essas sugestões lhe pareceram irônicas, pense novamente. Elas são apenas uma fração daquilo que muitos coordenadores têm me descrito, ao longo dos anos, como sua "estratégia de classificação".

Fonte: Retirado de Andrew J. Policano, *Ten Easy Steps to a Top-25 MBA Program, Selections*: The Magazine of the Graduate Management Admission Council, 1, no. 2 (2001): 39-40.

Ser bom é nobre, mas ensinar os outros a serem bons é ainda mais nobre – e menos complicado. Mark Twain

CAPÍTULO 7
GESTÃO EM METAMORFOSE

Somente os mais sábios e os mais estúpidos nunca mudam. [Confúcio]

Há muita literatura e consultoria prática destinada a ajudar os gestores a lidar com grandes mudanças em suas organizações – reviravoltas, revitalizações, redução de tamanho, etc. A maior parte desse material trata do processo conhecido como "mudança gerenciada". Mas tenha cuidado: pode-se muito bem argumentar – e Jim Clemmer o faz articuladamente em nossa primeira leitura – que esse termo constitui um oximoro. Uma mudança não pode ser gerenciada, sugere ele, ao menos quando essa palavra é empregada no sentido de algo forçado, levado a concretizar-se. Talvez a melhor maneira de "gerenciar" uma mudança seja simplesmente deixá-la acontecer – criar condições que possibilitem às pessoas seguir seus instintos naturais para experimentar e transformar seu comportamento.

Essa é também a conclusão de David K. Hurt, expressa na frase "altos gestores não são cozinheiros, são ingredientes". Mas será que isso manterá a gestão nos trilhos? A seção seguinte explica por que os trens de hoje percorrem trilhos cuja bitola foi determinada pela largura das carruagens romanas.

Assim, como reconciliar tudo isso? Fácil, segundo a investigação de Richard Pascale sobre o estrondoso sucesso conquistado pela Honda no setor norte-americano de motocicletas. Com efeito, os cozinheiros estavam "no solo", onde aprenderam seu ofício longe dos velhos trilhos. A parábola que se segue reforça as descobertas de Pascale. Compara a gestão norte-americana com a gestão japonesa. A mensagem de Pascale são três vivas aos gestores intermediários. Em seguida, mais vivas para nosso mundo cosmopolita, ferido e especialmente wiki, *que Jonathan Gosling descreve em sua reflexiva análise.*

Henry Mintzberg põe todo o "incrementalismo" em perspectiva com um breve exame da "estratégia artesanal". Desafia a visão popular do estrategista como alguém sentado sobre um pedestal a ditar estratégias brilhantes para os demais implementarem, propondo, no lugar dela, uma visão do estrategista como um identificador de padrões, um aprendiz que gerencia um processo no qual as estratégias nascem de toda sorte de esforços.

"GESTÃO DA MUDANÇA" É UM OXIMORO
POR JIM CLEMMER

Uma duvidosa indústria e "profissão" de consultoria desenvolveu-se sob a alegação de prestar serviços de "gestão da mudança" – duas palavras que, unidas, fazem tanto sentido quanto "guerra santa" [e] "mãe inativa"... "Gestão da mudança" é fruto do mesmo raciocínio perigosamente sedutor que deu origem a planejamento estratégico. Ambos baseiam-se na trôpega suposição de haver um processo de pensamento e implementação ordenado capaz de, objetivamente, delinear um plano de ação, como Jean-Luc Picard na nave estelar *Enterprise*, e, então, "executá-lo" (*make it so*). Mas, ainda que um dia isso fosse possível, não seria nestes dias de mudanças altamente aceleradas.

Mudanças podem ser ignoradas, combatidas, respondidas, capitalizadas e criadas. Mas não podem ser gerenciadas

Mudanças não podem ser gerenciadas. Podem ser ignoradas, combatidas, respondidas, capitalizadas e criadas. Mas não podem ser gerenciadas nem submetidas a um processo ordenado passo a passo... Tornarmo-nos vítimas ou vencedores de uma mudança depende do quanto estamos preparados para a mudança... [Como Abraham Lincoln] certa vez disse, "Vou preparar-me, e um dia minha chance há de chegar". É assim que se gerencia a mudança.

...Não podemos de uma hora para outra reconquistar clientes que nos escapuliram silenciosamente por causa de nossos serviços precários ou negligentes. Não podemos, em seis meses, transformar nossa organização numa potência inovadora porque o mercado mudou. Não podemos reformular radicalmente anos e anos de hábitos desleixados e processos convolutos sempre que uma nova tecnologia revolucionária despontar no horizonte. Diante das pressões de custos, não podemos achatar drasticamente nossas organizações e, sem mais nem menos, delegar poder a pessoas há anos submetidas ao tradicional sistema de comando e controle. Estamos falando de mudanças de cultura, sistemas, hábitos e capacidades que só se concretizam a longo prazo. Com efeito, mudanças assim precisam ser aprimoradas antes de serem necessárias. Nas palavras de um velho provérbio chinês, "cave um poço antes de sentir sede".

...Para lidar efetivamente com a mudança, não devemos encará-la como algum tipo de força gerenciável. Devemos lidar com a mudança aprimorando a nós mesmos. E, então, nossa chance há de chegar...

Fonte: Adaptado por Jim Clemmer a partir de Jim Clemmer, *Pathways to Performance*, www.jimclemmer.com, 1995.

OS ALTOS GESTORES NÃO SÃO COZINHEIROS, SÃO INGREDIENTES
POR DAVID K. HURST

Em última análise, quando se trata de mudanças fundamentais nas organizações, não pode haver uma *última análise* – pois são as próprias estruturas de análise que precisam ser mudadas. Em mudanças que afetam fundamentalmente as organizações, *é preciso comportamento para mudar o comportamento: a mudança não pode ser gerenciada; só pode ser liderada.* Logo, os gestores da mudança não são apenas cozinheiros que preparam a refeição seguindo uma receita: são os ingredientes principais dessa receita. Altos gestores são modelos de inspiração poderosíssimos, e sua maior contribuição para o processo de mudança é liderá-lo, modelando os novos comportamentos que esperam de seu pessoal. Com efeito, só lhes é possível planejar e orquestrar os arranjos até certo ponto. A partir daí, precisam misturar-se aos demais e confiar em que seu comportamento será copiado por outros...

Nós, ocidentais, tendemos a acreditar que podemos pensar até encontrar uma melhor maneira de *agir*. A experiência, no entanto, tem mostrado uma verdade diametralmente oposta: temos de agir para encontrar uma melhor maneira de *pensar*. Como gestores, o único comportamento que podemos esperar mudar diretamente é o nosso.

Fonte: Retirado de um artigo originalmente publicado sob o título "When it comes to real change, too much objectivity may be fatal to the process", de David K. Hurst, *Strategy and Leadership*, March/April 1997, pp. 6-12.

SEGUINDO NOS TRILHOS

A bitola-padrão usada nas estradas de ferro norte-americanas (distância entre os trilhos) é de 4 pés e 8,5 polegadas (1,43 m) – número sumamente estranho. Por que motivo era usada essa bitola? Porque era assim que as estrelas eram construídas na Inglaterra, e as ferrovias dos Estados Unidos foram construídas por expatriados ingleses. Por que motivo os ingleses as construíam dessa maneira? Porque as primeiras vias férreas foram construídas pelas mesmas pessoas que construíram as linhas de bonde que as precederam, e essa era a bitola que usavam. Mas por que "eles" usavam essa bitola? Porque as pessoas que haviam construído as linhas de bonde serviam-se dos mesmos gabaritos e ferramentas que usavam para construir as carroças, que usavam o mesmo espaçamento entre as rodas.

Mas por que as carroças usavam esse estranho espaçamento? Bem, porque, se tentassem usar qualquer outro espaçamento, as rodas das carroças quebrariam em algum ponto das velhas e longas estradas inglesas – pois aquele era o espaçamento das rodeiras.

Então, quem construiu aquelas velhas rodeiras? As primeiras estradas de longa distância na Europa (e na Inglaterra) foram construídas pelo Império Romano, para o deslocamento de suas legiões. Têm sido usadas desde então. E as rodeiras nas estradas? As rodeiras nas estradas, às quais todos tinham de se adaptar por receio de destruir as rodas de seus carros, foram formadas pela primeira vez pelos carros de batalha romanos. Na medida em que esses carros foram construídos para (ou pelo) Império Romano, eram todos semelhantes no tocante ao espaçamento entre as rodas.

Logo, a bitola-padrão de 4 pés e 8,5 polegadas das estradas de ferro norte-americanas deriva da especificação original de um carro de batalha do Império Romano. Especificações e burocracias têm vida eterna. Assim, da próxima vez que receber uma especificação e perguntar-se que traseiro de cavalo* não estaria por trás dela, você pode estar inteiramente certo, pois os carros de guerra usados pelo Império Romano foram construídos com a largura necessária para acomodar o lombo de dois cavalos de guerra. Logo, temos a resposta da pergunta original.

Agora, uma guinada na história. Ao observarmos um ônibus espacial posicionado sob sua plataforma de lançamento, reparamos que há dois foguetes auxiliares presos do lado do tanque de combustível principal. São os foguetes de combustível sólido (SRBs, do inglês *solid rocket boosters*). Os SRBs são produzidos pela Thiokol em sua fábrica em Utah. Os engenheiros que os projetaram talvez os preferissem um pouco mais largos; entretanto, os SRBs tinham de ser despachados de trem, da fábrica até o local de lançamento. A estrada de ferro desde a fábrica tinha de cruzar um túnel nas montanhas. Esse túnel é ligeiramente mais largo que a ferrovia, e a ferrovia tem mais ou menos a largura correspondente a dois lombos de cavalo. Assim, um importante atributo do *design* daquele que talvez seja o mais avançado sistema de transporte do mundo foi determinado, dois mil anos antes, pela largura do traseiro de um cavalo!

Não é para adorar a engenharia?

Fonte: Anônimo.

APOSTANDO NUMA ESTRATÉGIA BRILHANTE
POR RICHARD PASCALE

Em 1959, A Honda, fabricante japonesa de motocicletas, e não de automóveis [até então], ingressou no mercado norte-americano. Em 1966, já respondia por 63% desse mercado. Em parte, a empresa superou as fabricantes norte-americanas e inglesas na venda de motocicletas de grande porte para aquele que era seu mercado inicial:

---

* N. de T.: No original: *"horse's ass"*, expressão que, no português, talvez encontre seu correspondente mais próximo em "porra louca". Nossa opção pela tradução literal se justificará adiante.

tipos machos metidos em jaquetas de couro preto. E, em parte, criou um novo mercado de pequenas motocicletas voltado para gente como a gente – graças à lendária campanha publicitária intitulada "Você encontra as melhores pessoas numa Honda". Na verdade, a empresa já vinha produzindo essas pequenas motocicletas para o mercado japonês desde a década de 1940, quando Takeo Fujisawa convenceu seu sócio, Soichiro Honda, apaixonado por projetar e correr em grandes motocicletas, que os japoneses não teriam condições de adquirir automóveis no pós-guerra, mas acolheriam a ideia de motocicletas pequenas e baratas para transporte regular.

O governo britânico, cujas fabricantes de motocicletas viram sua participação no mercado de importações despencar de 49 para 10% naquele período de 1959 a 1966, contratou o Boston Consulting Group (BCG) para explicar o que havia acontecido e sugerir maneiras pelas quais suas fabricantes poderiam recuperar-se. A resposta do BCG veio em 1975, em um relatório que se tornaria célebre e formaria a base dos casos redigidos em escolas como Harvard e UCLA.

Dois excertos desse relatório são reproduzidos a seguir, para se ter uma ideia de seu teor. Acompanha-os a transcrição de trechos de uma entrevista feita por Richard Pascale, coautor de *The Art of Japanese Management* (1981), que tem suas dúvidas sobre o relatório do BCG, com os gestores da Honda responsáveis pela entrada da companhia japonesa no mercado norte-americano. A história fala por si mesma – assim como o contraste entre as duas interpretações.

Diversos excertos relacionados a essas duas histórias são reproduzidos posteriormente.

Do relatório do Boston Consulting Group

O sucesso da indústria japonesa de motocicletas tem origem no crescimento de seu mercado doméstico, durante os anos 1950. [Por volta da década de 1960]... as fabricantes haviam desenvolvido grandes volumes de produção de pequenas motocicletas para o mercado doméstico, proporcionando significativas reduções de custos. Isso resultou numa posição de custo altamente competitiva, que as companhias japonesas usaram como trampolim para penetrar nos mercados mundiais com pequenas motocicletas, no começo dos anos 1960...

O setor de motocicletas japonês, em particular a Honda, a líder do mercado, apresenta um quadro [consistente]. Segundo a filosofia básica da fabricante nipônica, grandes volumes por modelo possibilitam alta produtividade, como resultado da utilização de técnicas intensivas em capital e altamente automatizadas. Suas estratégias de marketing visam, portanto, ao desenvolvimento desses modelos produzidos em grande escala – daí a atenção que observamos darem a seu crescimento e participação de mercado, sendo que, na produção, o potencial de redução dos custos materializa-se graças ao foco especial na engenharia de produção e no investimento na redução de custos.

FONTE: BOSTON, CONSULTING GROUP, STRATEGY FOR THE BRITISH INDUSTRY, 1975.

Da entrevista com os gestores da Honda

Na realidade, não tínhamos nenhuma estratégia a não ser a ideia de ver se poderíamos vender alguma coisa nos Estados Unidos... [Precisávamos] obter uma alocação de moeda do Ministério das Finanças. Mas eles estavam extraordinariamente céticos. A Toyota havia lançado o Toyopet nos Estados Unidos, em 1958, e fracassara rotundamente. "Como a Honda haveria de ter sucesso?", perguntavam. Meses se passaram. Suspendemos o projeto. Eis senão quando, cinco meses após nossa solicitação, recebemos o sinal verde – mas ainda era apenas uma fração do nível de comprometimento que esperávamos. "Vocês podem investir US$ 250 mil no mercado norte-americano", disseram, "mas apenas US$ 110 mil em dinheiro". O restante de nossos ativos tinha de ser em estoque de peças e motocicletas...

Nosso foco... era competir com os exportadores europeus. Sabíamos que nossos produtos naquela época eram bons, mas não muito superiores. O sr. Honda estava especialmente confiante nas máquinas de 250 e 305 cilindradas. O formato dos guidões dessas máquinas maiores lembrava a sobrancelha do Buda, o que ele considerava um forte apelo de venda. Assim, após algumas discussões e nenhum critério convincente para a seleção, configuramos nosso estoque inicial com 25% de cada um de nossos quatro produtos – a Supercub de 50 cilindradas e os modelos de 125, 205 e 305 cilindradas. Em termos de valor em dólares, evidentemente, o estoque pendia muito mais para as motocicletas maiores.

Os rígidos controles monetários do governo japonês, somados à recepção pouco amigável que tivemos durante uma visita em 1958, obrigaram-nos a começar sem maiores pretensões. Escolhemos Los Angeles, onde havia uma grande comunidade japonesa de segunda e terceira gerações, um clima próprio para o uso de motocicletas e uma população em crescimento. Estávamos tão duros que tínhamos, os três, de dividir um apartamento mobiliado, alugado a US$ 80 por mês. Dois de nós dormíamos no chão. Conseguimos um armazém numa zona desvalorizada da cidade e esperamos a chegada da embarcação. Sem ousar gastar nossos fundos com equipamentos, armazenamos as motocicletas em pilhas de três engradados – com nossas próprias mãos –, varremos o assoalho e construímos e mantivemos o depósito de peças.

Passamos o primeiro ano inteiro às escuras. Não sabíamos que o negócio de motocicletas nos Estados Unidos ocorre durante um período sazonal que vai de abril a agosto – e nossa chegada coincidiu com o encerramento da temporada de 1959. As experiências que aprendêramos a duras penas com os distribuidores no Japão nos convenceram a tentar tratar diretamente com os varejistas. Veiculamos anúncios em revistas especializadas, procurando chamar a atenção dos revendedores. Poucos responderam. Na primavera de 1960, tínhamos já 40 revendedores e parte de nosso estoque em suas lojas – em sua maioria, motocicletas maiores. Alguns modelos de 250 e 305 cilindradas começaram a vender. Então, veio o desastre. Na primeira semana de abril daquele ano, começaram a chegar relatórios informando que nossas motos apresentavam vazamento de óleo e falhas na embreagem. Foi nosso pior momento. A frágil reputação da Honda estava sendo destruída antes mesmo que pudesse ser estabelecida. Como soubemos depois, nos Estados Unidos as motocicletas percorrem distâncias maiores e a uma velocidade maior do que no Japão. Em vista disso, tivemos de raspar nossas preciosas reservas de capital para enviar as motos por via aérea para ao laboratório de testes da Honda, no Japão. Durante o sombrio mês de abril, a Pan Am foi a única empresa dos Estados Unidos que nos tratou com benevolência. Nosso laboratório trabalhou 24 horas por dia, testando as motocicletas na tentativa de identificar o defeito. Em menos de um mês, uma junta do cabeçote e uma mola de embreagem redesenhadas resolveram o problema. Nesse meio-tempo, contudo, os acontecimentos tiveram uma surpreendente reviravolta.

A frágil reputação da Honda estava sendo destruída antes mesmo que pudesse ser estabelecida

Durante nossos oito primeiros meses, seguindo o pensamento do sr. Honda e nossos próprios instintos, não procuramos vender as Supercubs de 50 cilindradas. Embora fossem um sucesso estrondoso no Japão (onde a produção não conseguia atender à demanda), elas pareciam totalmente impróprias para o mercado norte-americano, no qual tudo era maior e mais luxuoso. Como fator determinante, estávamos voltados para o mercado de importados – e os Europeus, a exemplo dos fabricantes norte-americanos, também enfatizavam as máquinas maiores.

Usávamos a Honda de 50 cilindradas nós mesmos para rodar por Los Angeles. Elas atraíam um bocado de atenção. Certo dia, recebemos um telefonema de um comprador da Sears. Embora persistíssemos em nossa recusa de usar um intermediário para as vendas, tomamos nota do interesse da Sears. Mas ainda hesitávamos em lançar as máquinas de 50 cilindradas, temendo que pudessem prejudicar nossa imagem num mercado maciçamente viril. No entanto, quando as motocicletas maiores começaram a quebrar, não tivemos escolha. Deixamos as motos de 50 cilindradas rodarem.

Fonte: Retirado de artigo originalmente intitulado "Perspectives on strategy: the reall story behind Honda's success". Copyright © 1984 Regents of the Univesity of California. Reimpresso, com a permissão de Regents, a partir de *California Management Review*, Vol. 27, No. 1.

UMA PARÁBOLA MODERNA

Uma equipe de uma empresa japonesa e outra norte-americana decidiram organizar uma corrida de canoas no Rio Mississipi. Por longo tempo, ambas as equipes treinaram forte e pesado para alcançar o pico de seu desempenho antes da competição.

No grande dia, os japoneses venceram a corrida por uma milha de distância.

Os americanos, prostrados e abatidos, decidiram investigar as razões da derrota esmagadora. Formou-se, então, uma equipe gerencial, composta de altos executivos encarregados de investigar as causas do infortúnio e recomendar as medidas cabíveis. Sua conclusão foi que, na equipe japonesa, oito pessoas remavam e uma pilotava.

Sentindo a necessidade de um estudo mais profundo, a gerência americana contratou uma empresa de consultoria e pagou-lhe formidável quantia de dinheiro por uma segunda opinião. Como era de se esperar, os consultores concluíram que havia muitas pessoas na pilotagem do barco e um número insuficiente delas nos remos.

Sem saber ao certo como utilizar aquela informação, mas ao mesmo tempo querendo evitar uma nova derrota para os japoneses, a estrutura gerencial da equipe de remo foi inteiramente reorganizada, passando agora a contar com quatro supervisores de pilotagem, três superintendentes de pilotagem de área e um gestor assistente da superintendência de pilotagem.

Além disso, foi implantado um novo sistema de desempenho que conferiria ao primeiro remador do barco maior incentivo para um maior esforço. O sistema foi denominado "Programa Premium de Qualidade em Canoagem", consistindo de reuniões, jantares e brindes de canetas para os remadores. Os assuntos que pautavam esses encontros giravam em torno da aquisição de novos remos, canoas e outros equipamentos, bem como de dias livres para práticas e bônus.

No ano seguinte, os japoneses venceram por duas milhas.

Humilhada, a gerência americana demitiu o primeiro remador por desempenho insatisfatório, suspendeu o desenvolvimento de uma nova canoa, vendeu os remos e cancelou todos os investimentos em novos equipamentos. O dinheiro economizado foi distribuído entre os altos executivos, e na corrida do ano seguinte a equipe foi terceirizada para a Índia.

Triste fim da história.

Triste, mas tão verdadeiro! Eis algo mais em que pensar: a Ford passou os últimos trinta anos retirando suas fábricas dos Estados Unidos, sob a alegação de que não pode lucrar com os salários pagos aos trabalhadores americanos. A Toyota, por sua vez, passou os últimos trinta anos instalando mais de uma dezena de fábricas nos Estados Unidos. Nos resultados do último trimestre, a montadora japonesa obteve 4 bilhões em lucros, enquanto sua concorrente americana acumulou 9 bilhões de prejuízo. O pessoal da Ford ainda coça as cabeças.

Fonte: desconhecida.

ENFRAQUECER NOSSO MUNDO *WIKI*, COSMOPOLITA, FERIDO?
POR JONATHAN GOSLING

Com que espécie de mundo estamos lidando? Eis três grandes fatores para se levar em conta:

1 Este é um mundo *wiki*. Nos velhos tempos, o conhecimento era armazenado em bancos de dados – conhecidos como escolas, colégios e universidades, departamentos de planejamento e sistemas especialistas. Os pesquisadores das universidades, por exemplo, saíam mundo afora para coletar informações, traziam-nas de volta a seus laboratórios e bibliotecas e, alguns anos mais tarde, publicavam regras e princípios gerais. Enquanto isso, as demais pessoas seguiam com suas vidas. Hoje, no entanto, graças à Internet, qualquer um pode publicar as lições aprendidas com o trabalho do dia a dia, e todos podemos comentar as ideias uns dos outros; assim, o conhecimento torna-se imediatamente interativo. Isso exerceu grande impacto sobre o poder e suas relações – a base mais importante da liderança. Se os líderes já não podem controlar o que as pessoas sabem, devem exercer influência valendo-se de sua capacidade de estabelecer relações, facilitar as ações e opiniões de cidadãos ativos cultos e bem informados.

2 Este é um mundo *cosmopolita*. Estamos nos habituando a ver como todas as peças se interligam: o aquecimento global criará vastas diásporas de povos desalojados, de modo que todos seremos afrontados por desafios radicais à nossa identidade compartilhada – Quem haverá de dizer quem é *daqui* se coletivamente destruímos *lá*? Igualmente estimulantes serão as oportunidades oferecidas por uma população com vínculos familiares em todo o mundo. As diásporas anteriores criaram redes imensamente valiosas de membros de clã confiáveis, mas muitos deles vivendo em guetos e levando gerações para assimilar e pertencer a seus lares recém-descobertos. Mas com tantas pessoas mais em marcha, como sustentaremos comunidades, valores e tradições comuns?

Historicamente, quando as comunidades enfrentam o duplo desafio de afirmar uma identidade comum e aproveitar as oportunidades de melhoria, elas tendem a erigir líderes carismáticos – não raro recorrendo à xenofobia, ao mecanismo do bode expiatório e à aventura militar, com resultados, na maioria das vezes, desastrosos. Podemos preparar e promover uma variedade de líder mais sábia e generosa?

3 Este é um mundo *ferido*, social e ambientalmente, lutando para lidar com os danos causados pela espécie humana. Nenhuma novidade: sob muitos aspectos, é o mesmo velho mundo de sempre. A maioria das coisas segue igual: precisamos comer, de preferência saborear; precisamos educar a nós mesmos e aos outros, apreciar a natureza, cuidar daqueles que amamos e aprofundar nossa humanidade por meio da arte, da cultura e da vida espiritual. Deus nos proteja de líderes que advogam mudanças, se esquecerem ou ignorarem tudo o que continua e deve ser preservado! É aqui que se faz crucial a liderança distribuída; nenhuma autoridade central ou líder carismático é capaz de conhecer, suficientemente, os prazeres particulares e as condições locais de nossas vidas; cabe a nós organizar-nos (livremente) e mostrar nossa voz (sonoramente) – tomando a iniciativa de tornar as coisas melhores.

> **Deus nos proteja de líderes que advogam mudanças, a se esquecerem ou ignorarem tudo o que continua e deve ser preservado!**

Vejamos agora três pequenas coisas para desenvolver os líderes e os modelos de liderança de que precisamos:

i A melhor maneira de prever quem tomará as iniciativas e servirá como líder é observar o que fazem os jovens nas escolas. Participar de atividades esportivas, ingressar em grêmios estudantis e prestar serviços voluntários à comunidade são todas ações fortemente correlacionadas com o ativismo na vida adulta. Fortalecer nossas organizações juvenis é um meio real e comprovado de desenvolver a liderança para nossa região. E como muitas pessoas que aqui nasceram e foram educadas tendem a regressar no futuro, mesmo quando se mudaram nesse meio-tempo, esse é um investimento de longo prazo com muitas oportunidades de retorno.

ii Viajar abre a mente – com efeito, nada é tão capaz de conferir senso de proporção a uma incipiente grandiosidade. A humildade – o realismo puro e simples para a maioria de nós – é um atributo de liderança improvável, mas vital se queremos preservar a sanidade e o equilíbrio. A melhor maneira de radicá-lo no centro de nossas atitudes é descobrir o quanto somos peculiares – observando-nos pelos olhos de outros. Devemos encontrar meios de viajar com menos consumo de carbono – lentamente, se quisermos ver e ouvir, absorvendo visões de mundo e prioridades diferentes das nossas. Isso é investir na tolerância, mas também na convicção cultural, no conhecimento do que realmente estimamos. Todo esse arrazoado significa que queremos líderes que sejam sábios ao julgar o que realmente importa para nós, e capazes de adaptar e preservar essas coisas através das complexas mudanças que estão por vir.

iii Se todos estão criando sua própria versão do conhecimento, quem há de dizer o que é certo? Suponho que as autoridades ainda serão de algum proveito em assuntos arcanos – certamente precisaremos de alguns Professores. Mais significativo, contudo, é a necessidade de nos certificarmos de que percebemos, pensamos, sentimos e julgamos com a máxima sabedoria possível. Devemos nos tornar tão plenamente humanos quanto pudermos – não apenas seres abastados. Como disse John Ruskin na frase que se tornou célebre, "Não há riqueza que não seja a vida", referindo-se a uma força vital, a aspiração à beleza e à harmonia. Fomos abençoados com uma natureza maravilhosa e artes vívidas aqui em South West; não devemos admitir como líder quem quer que não seja um amante das artes; devemos instigar e treinar em nossos líderes a cultura e a criatividade – e isso diz respeito a todos nós; afinal, no mundo da Wikipédia, somos todos autores e autoridades.

Com efeito, vivemos em um mundo *wiki*, cosmopolita e, sob muitos aspectos, um mundo ferido, carente de cuidados. Para produzir os líderes sábios de que necessitamos, precisamos proporcionar aos jovens uma experiência de liderança, a fim de que adquiram a capacidade de reconhecer as necessidades do esforço e da responsabilidade coletivos; incentivá-los a viajar e a interagir de maneira significativa com pessoas inteiramente diferentes de nós, para que possam avaliar nossos tesouros de forma mais realista; e selecionar pessoas que amem a beleza e a cultura para liderar as instituições – dentro e fora da região em que vivemos.

Os leitores deste artigo provavelmente terão notado minha afeição por palavras iniciadas por "w" [*wiki*, *worldly* (cosmopolita), *wounded* (ferido)] (ainda que tenha desistido de mencionar nosso tempo [*weather*] no Oeste [*West*] da Inglaterra, onde vivo – quente [*warm*], ventoso [*windy*] e úmido [*wet*]!) No entanto, a referência mais importante aqui é à liderança *sábia* [*wise*], na medida em que a principal questão por trás de tudo o que disse é "enfraquecer o mundo?" [*wither the world?*] Parecemos estar à beira de crises tanto no clima natural quanto no financeiro, circunstâncias que, com suma frequência apelam por líderes fortes, a ascensão de figuras carismáticas e por soluções simples. Essas são qualidades boas e virtuosas – como a maioria das pessoas, também gosto de ser bem guiado; e a liderança sábia é mais provável quando compartilhamos sua criação e seu desenvolvimento.

Fonte: Jonathan Gosling, University of Exeter, 2008.

Nota

1 Trecho de abertura de *Unto this Last*, livro que inspirou Mahatma Gandhi e, posteriormente, Marthin Luther King.

A ESTRATÉGIA ARTESANAL
POR HENRY MINTZBERG

Em seu trabalho, a oleira senta-se diante de uma massa informe de argila no torno. Sua mente está concentrada na argila, mas ao mesmo tempo ela está consciente de suas experiências passadas e das perspectivas futuras. Ela sabe perfeitamente o que funcionou e o que não funcionou no passado. Conhece intimamente suas capacidades e materiais. Como artesã, ela sente as coisas mais do que as analisa. Esses pensamentos todos trabalham em sua mente enquanto suas mãos trabalham a argila. E tudo que nasce do torno tende a seguir a tradição de seu trabalho passado, embora ela possa libertar-se e embarcar em uma nova direção. Ainda assim, o passado não está menos presente, projetando-se no futuro.

Os gestores são os artesãos e a estratégia é sua argila. Como nossa ceramista, eles estão conscientes do passado de suas capacidades corporativas e de um futuro de oportunidades de mercado. E, se são verdadeiros artesãos, trazem para seu trabalho um conhecimento não menos íntimo dos materiais que têm à mão. Essa é a essência da estratégia artesanal.

A visão popular percebe o estrategista como um planejador ou visionário, alguém sentado sobre um pedestal a ditar estratégias brilhantes para que os demais as implementem. Embora reconheça a importância do pensar adiante e especialmente a necessidade de uma visão criativa neste mundo pedante, quero propor uma concepção suplementar do estrategista como um identificador de padrões, um aprendiz, se preferir – alguém que gerencia um processo no qual as estratégias (e visões) tanto podem surgir quanto ser deliberadamente concebidas. Quero também redefinir esse estrategista como alguém inserido numa entidade coletiva formada pelos muitos atores cuja interação revela o espírito de uma organização. Esse estrategista *encontra* estratégias não menos do que as cria.

O que significa, então, criar estratégia? Observemos as palavras associadas ao trabalho do artesão: dedicação, experiência, envolvimento com o material, toque pessoal, domínio dos detalhes, senso de harmonia e integração. Os gestores que formulam estratégias não desperdiçam muito tempo em escritórios executivos lendo relatórios ou análises setoriais. Eles se envolvem, são sensíveis a seus materiais, conhecem suas organizações e setores pelo toque pessoal. Apreciam o fato de as estratégias poderem se *formar* sem serem formuladas: podem *nascer* como as pessoas, aprender até converter-se em novos padrões que funcionam.

Gestores que formulam estratégias não desperdiçam muito tempo em escritórios executivos lendo relatórios ou análises setoriais

Gerenciar a estabilidade

Gerenciar a estratégia é basicamente gerenciar a estabilidade, não a mudança. Na verdade, os gestores seniores não devem dedicar a maior parte do tempo a formular estratégias; devem tornar suas organizações tão eficientes quanto possível na adoção das estratégias que já possuem. Como os artesãos distintos, as organizações se tornam distintas pelo absoluto domínio dos detalhes.

Gerenciar a estratégia, ao menos inicialmente, não é tanto promover a mudança quanto saber *quando* fazê-la. Organizações que reavaliam suas estratégias continuamente são como pessoas que reavaliam continuamente seus empregos ou casamentos – em ambos os casos, elas podem acabar enlouquecendo.

O chamado planejamento estratégico deve ser reconhecido pelo que é: um meio não para criar estratégia, mas para programar uma estratégia já criada – para lidar formalmente com suas implicações. Trata-se de um processo de natureza essencialmente analítica, enquanto a criação de estratégias é essencialmente um processo de síntese. Eis por que tentar formular estratégias mediante planejamento formal na maioria das vezes redunda na extrapolação das estratégias existentes ou na reprodução das estratégias dos concorrentes.

Detectar a descontinuidade

Ambientes não mudam de maneira regular ou ordenada. E raramente passam por alterações contínuas e drásticas, não obstante as alegações sobre nossa "era da descontinuidade" e "turbulência" ambiental. Na maioria das vezes, as mudanças são mínimas e mesmo temporárias, não exigindo respostas estratégicas. Vez por outra nos deparamos com uma descontinuidade realmente significativa ou, menos frequentemente, com uma mudança de configuração no ambiente, quando tudo o que é importante parece mudar de uma só vez. Mas esses eventos, apesar de críticos, são fáceis de reconhecer.

O verdadeiro desafio que se impõe à formulação estratégica é detectar as sutis descontinuidades que podem minar uma empresa no futuro. E para isso não há técnica nem programa: apenas uma mente perspicaz em contato com a situação. O truque consiste em gerenciar dentro de uma dada orientação estratégica a maior parte do tempo e, não obstante, ser capaz de identificar as descontinuidades ocasionais realmente importantes.

Note o tipo de conhecimento envolvido aqui: não o conhecimento de relatórios analíticos ou de fatos e números abstratos (que certamente podem ser úteis), mas o conhecimento pessoal, a compreensão íntima das coisas, equivalente ao sentimento do oleiro pela argila. Fatos estão disponíveis para todos; esse tipo de conhecimento, não.

Gerenciar padrões

A chave para gerenciar uma estratégia é a capacidade de detectar padrões incipientes e ajudá-los a tomar forma. O trabalho do alto gestor não consiste apenas em preconceber estratégias específicas, mas também em reconhecer seu surgimento em qualquer lugar na organização e intervir quando apropriado.

Como ervas daninhas que aparecem inesperadamente em um jardim, algumas estratégias emergentes talvez precisem ser erradicadas imediatamente

Como ervas daninhas que aparecem inesperadamente em um jardim, algumas estratégias emergentes talvez precisem ser erradicadas imediatamente. No entanto, a gerência não pode apressar-se demasiadamente em extirpar o inesperado, pois a visão de amanhã pode brotar da aberração de hoje. (Os europeus, afinal de contas, gostam de saladas feitas com folhas de dente-de-leão, a mais notória erva daninha da América.) Assim, vale a pena observar certos padrões até que seus efeitos se manifestem mais claramente. Desse modo, os que se comprovarem úteis podem se tornar deliberados e incorporados à estratégia formal.

Criar um clima fértil

Gerenciar nesse contexto, portanto, é criar um clima no qual uma ampla variedade de estratégias possa desenvolver-se. Em organizações mais complexas, isso talvez signifique construir estruturas flexíveis, contratar pessoas criativas, definir visões abrangentes e observar os padrões que emergem.

Apreciar o passado

Embora *estratégia* seja uma palavra comumente associada ao futuro, seu vínculo com o passado não é menos importante. Como Kierkegaard observou certa vez, a vida é entendida de trás para frente, mas compreendida de frente para trás. Os gestores podem ter de viver a estratégia no futuro, mas devem compreendê-la com os olhos no passado.

Como o artesão diante do torno, as organizações devem entender o passado se esperam gerenciar o futuro. Apenas compreendendo os padrões que formam seu próprio comportamento elas poderão compreender suas capacidades e seu potencial. Desse modo, criar a estratégia, assim como gerenciar a criação, exige uma síntese natural de futuro, presente e passado.

Cultivando flores estratégicas na terra

Estratégias não são tábuas concebidas no alto de montanhas, a serem carregadas descida abaixo para execução; são aprendidas na terra por todos que tenham a experiência e a capacidade de enxergar o geral para além do particular. Permanecer na estratosfera do conceitual não é melhor do que ter os pés plantados no concreto.

Junte-se tudo isso e a impressão que se tem é de que os gestores podem ser estrategistas melhores deixando que flores estratégicas desabrochem nos jardins de suas empresas, em vez de tentar cultivá-las em estufas. Desse modo, o processo estratégico aproxima-se da criação e é reforçado pela arte. A ciência participa desse processo no começo e no fim, mas não no meio. Na forma de análises, ela se alimenta de dados e descobertas, para, no final do processo, programar as estratégias que surgem por outros meios.

Fonte: Adaptado de um artigo publicado sob este título em *Harvard Business Review*, September-October, 1987. Copyright © 1987 Harvard Business School Publishing Corporation; todos os direitos reservados. Ver também *Tracking Strategies*, Oxford University Press, 2007, e *Strategy Safari*, Pearson, 1998.

Toda mudança parece impossível, mas, uma vez realizada, impossível parece ser o estado em que você se achava.   Alain

CAPÍTULO 8
GERENCIANDO MODESTAMENTE

A raposa sabe muitas coisas; o ouriço sabe apenas uma: a mais importante.
[Arquíloco, circa 650 a.C.]

Então, o que tirar de tudo isso? Bem, que tal gerenciar mais modestamente? Mais ponderadamente, mais sensatamente – mas sobretudo mais modestamente. São muitas as maneiras pelas quais as pessoas podem gerenciar mais modestamente, como as leituras deste capítulo mostrarão. Elas podem simplesmente compreender os obstáculos que se colocam em seu caminho (como ilustra o relato do quartel-mestre substituto na Índia, em nossa primeira leitura); podem recusar pacotes de pagamento obscenos em prol do trabalho em equipe, para que as pessoas se tornem "o maior ativo de uma empresa" (como em nossa segunda leitura, uma carta fictícia de um CEO a seu conselho de administração); podem permitir que ter ideias seja um privilégio de todos (nossa terceira leitura). Acima de tudo, podem simplesmente gerenciar em silêncio – e até mesmo considerar como seria uma gerência sem gestores (nossas últimas duas leituras).

DEUS DO CÉU, O QUE FAÇO AGORA?
POR IAN HAMILTON

...em 1896, eu era quartel-mestre substituto em Simla – naquela época, talvez ainda hoje, um dos quartéis mais laboriosos da Ásia. Depois de um longo e extenuante dia de trabalho no escritório, costumava voltar para casa para o jantar acompanhado de uma pilha de pastas de três ou quatro pés de altura. O quartel-mestre geral, meu chefe, era um tipo agradável, inteligente, um glutão para o trabalho. De modo que durante certo tempo disputamos uma suada corrida, cabeça a cabeça, com nossas pilhas de papéis; mas, sendo eu o mais jovem dos dois, ele foi o primeiro a ser mandado pelos médicos de volta para a Europa. Assim, aos 43 anos de idade, tornei-me quartel-mestre geral na Índia. Infelizmente, no entanto, o Governo, naquele momento, estava em um espírito bastante parcimonioso. Recusara pagar pelo preenchimento do posto que eu deixava vago. Para completar, *sir* George White, o comandante-em-chefe, pediu-me que me desdobrasse em dois para dar conta do duplo serviço. Meu coração parou, mas não havia alternativa senão tentar. Enfim, chegou o dia; o quartel-mestre foi para casa e com ele toda a sua parte do trabalho. Quanto à porção que me cabia, as árduas 12 horas de expediente transformaram-se, por alguma espécie de magia, no sonho socialista da jornada de seis horas. Como isso se deu? Anteriormente, quando uma pergunta me chegava de algum dos departamentos, via-me obrigado a despender um longo minuto na composição da resposta, explicando o caso, expondo minhas ideias e esforçando-me por persuadir o quartel-mestre geral a aceitá-las. Ele era um homem muito escrupuloso e, se divergia de mim, gostava de registrar suas razões – diversas páginas de razões. Se, por outro lado, concordava comigo, ainda assim gostava de concordar com suas próprias palavras e "registrá-las". Quando tornei-me quartel-mestre geral e quartel-mestre substituto ao mesmo tempo, estudava os casos como anteriormente, mas meu trabalho terminava aí: não precisava persuadir meus próprios subordinados; não tinha superior a não ser o comandante-em-chefe, que se deleitava em não ser incomodado; eu simplesmente transmitia uma ordem – uma questão bastante simples salvo para um homem temeroso – e respondia "Sim" ou "Não!"

Fonte: *Sir* Ian Hamilton, *The Soul and Body of an Army*, E. Arnold & Co., 1921, pp. 235-36. © sob gentil permissão dos depositários do espólio de *sir* Ian Hamilton.

UMA CARTA AO CONSELHO HÁ MUITO ESPERADA
POR HENRY MINTZBERG

Caros Membros do Conselho

Escrevo aos senhores com uma proposta que pode lhes parecer radical. Na verdade, é uma proposta conservadora, na medida em que minha principal função como CEO desta corporação é garantir sua conservação como empreendimento saudável.

Solicito-lhes a redução de meu salário pela metade e a reformulação de minha bonificação nos termos que exponho a seguir. De agora em diante, desejo receber aumento salarial (bem como redução) na mesma proporção que nossos empregados operacionais.

Tenho falado insistentemente em trabalho em equipe durante meu exercício nesta função, que estamos todos juntos nisso, todo o nosso pessoal. E, no entanto, diferencio-me deles em virtude de minha compensação. Como posso incentivar um trabalho de equipe verdadeiro quando uma parte desproporcional dos benefícios vem para mim? (Ultimamente, quanto mais pessoas têm tomado conhecimento de minha remuneração, mais tenho recebido correspondências carregadas de ódio. Isso é certamente desconcertante, mas o mais preocupante é que não tenho nenhuma resposta razoável a dar.)

Como posso incentivar o trabalho em equipe quando uma parte desproporcional dos benefícios vem para mim?

Hoje, parece haver uma crença de que o CEO é quem faz tudo numa organização. Certamente lidero, mas unicamente respeitando a contribuição dos demais.

Meu trabalho consiste em desencadear o potencial que existe em cada pessoa. O que torna verdadeiro aquele velho adágio sobre liderança – de que as pessoas dirão "nós mesmos fizemos" – é que realmente fizeram. Os verdadeiros líderes sabem disso. CEOs que têm de consertar tudo sozinhos quase sempre são sucedidos por organizações que entram em colapso. Teremos sido bem-sucedidos se nossa organização for tão rentável após minha passagem quanto é agora.

E isso me leva a meu segundo ponto. Frequentemente, em nossas reuniões, discutimos sobre a saúde desta empresa a longo prazo. Por que, então, estou sendo recompensado por ganhos de curto prazo com generosas opções de compra de ações? E por que sempre aqueles números apertados? Sabemos todos que tenho mil maneiras de cortar os gastos à custa de nosso futuro. Se os senhores quiserem recompensar-me com base naqueles números, então poupem – até cinco anos depois de minha aposentadoria. Aí vocês verão!

Toda vez que começamos esse negócio de valor para o acionista, nossa cultura vai para o inferno. Nossos empregados da linha de frente me dizem que isso atrapalha seu atendimento aos clientes: eles são obrigados a vê-los como cifrões, não como pessoas reais. E muitos desses funcionários já se importam com nada: nós não contamos, dizem, então por que devemos nos preocupar? Todos pagaremos caro por esses ganhos de curto prazo, asseguro-lhes. De fato, pergunto-me se essa onda de produtividade que estamos experimentando nos Estados Unidos não é nada mais do que os ganhos obtidos do corte dos custos de curto prazo – à custa da verdadeira produtividade. Afinal, não são necessários gênios para encerrar e cortar coisas. Difícil é construí-las; será que estamos fazendo isso de forma suficiente?

Não são necessários gênios para encerrar ou cortar coisas

Sempre me orgulhei de correr riscos. Essa é uma das razões pelas quais os senhores me coloraram neste cargo. Examinemos, então, meu esquema de compensação. Faturo alto quando as ações sobem, mas não perco nada quando caem. Não preciso devolver sequer um centavo do que ganhei no ano anterior se uma reviravolta derruba o preço das ações neste ano. Que grande jogador! Querem saber a verdade? Estou cansado de ser hipócrita.

E por que apenas eu? Por que não somos todos compensados de forma equivalente? Proponho que minhas bonificações, proporcionais a meu salário, não sejam superiores às das demais pessoas desta empresa. Não raro nos autoproclamamos uma "rede" sofisticada de "trabalhadores do conhecimento" marchando rumo ao terceiro milênio. Não está na hora de alinhar nossas práticas à nossa retórica?

Agora dou-me conta da linha que temos seguido o tempo inteiro: só estou sendo compensado para não ficar atrás de outros na minha posição. Ora, basta de cumplicidade com um comportamento que todos sabemos ser ultrajante. Francamente, não me importo se o salário de fulano é maior que o meu. Meu salário não deve ser uma espécie de troféu externo. É, acima de tudo, um sinal interno que serve para dizer a nosso pessoal o que realmente pensamos sobre este lugar. Paremos de fingir que os CEOs formam um tipo de clube de elite. É de liderança que estamos falando aqui, não de *status*.

Para ser perfeitamente honesto, estou tão ocupado conduzindo esta empresa que mal tenho tempo para gastar todo o dinheiro que recebo, que dirá com uma conspicuidade que demonstre seu valor. Minha família e eu estaremos bem amparados, garanto aos senhores, mesmo com o nível salarial que proponho. Permitam-me concentrar meus esforços em tentar administrar este lugar como dever ser administrado.

Confio em que os senhores terão compreendido esta carta como um investimento em nosso futuro. Porque, se não há futuro para nossa empresa nestes termos, também não o há para nossa sociedade.

Atenciosamente,
Chief Executive Officer

Fonte: Henry Mintzberg, "There's no compensation for hypocrisy", *Financial Times*, October 29, 1999.

EIS UMA IDEIA: DEIXAR QUE TODOS TENHAM IDEIAS
POR WILLIAM C. TAYLOR

Como muitos altos executivos, James R. Lavoie e Joseph M. Marino estão atentos ao mercado acionário. No entanto, nenhum dos dois homens, cofundadores da Rite-Solutions, empresa de *software* que constrói sistemas de comando e controle avançados – e altamente classificados – para a Marinha, estão muito preocupados com a Nasdaq ou a Bolsa de Valores de Nova York.

Na verdade, estão centrados em um mercado interno em que cada empregado tem a possibilidade de propor à empresa adquirir uma nova tecnologia, ingressar em um novo setor ou melhorar a eficiência. Essas propostas convertem-se em ações, acrescidas de símbolos de cotação, listas de discussão e alertas de *e-mail*. Os funcionários compram ou vendem as ações, e os preços mudam para refletir os sentimentos dos engenheiros, cientistas computacionais e gestores de projeto – assim como de seus profissionais de *marketing*, contadores e mesmo da recepcionista.

"Somos os fundadores, mas estamos longe de ser as pessoas mais inteligentes daqui", disse o diretor-executivo sr. Lavoie durante uma entrevista realizada na sede da Rite-Solutions, fora de Newport, Rhode Island. "Na maioria das empresas, especialmente nas de tecnologia, as ideias mais brilhantes tendem a vir de pessoas de fora da alta gerência. Assim, criamos um mercado interno para colher o gênio coletivo".

Temos aqui uma dose revigorante de humildade por parte de um bem-sucedido CEO com décadas de experiência em sua área. (O sr. Lavoie, 59 anos, é veterano da Guerra do Vietnã e um talentoso engenheiro cuja carreira foi inteiramente dedicada a tecnologias militares.)

A maior parte das empresas opera sob a suposição de que grandes ideias são produto exclusivo de alguns poucos cérebros privilegiados: o fundador inspirado, o inventor excêntrico, o chefe visionário. No entanto, é tênue a linha que separa o gênio individual da arrogância sabichona. O que acontece quando os rivais se tornam tão numerosos, quando as tecnologias mudam com tanta velocidade que nenhum mandachuva corporativo é capaz de pensar no que quer que seja? Pois essa é a hora de criar uma abordagem à inovação menos descendente, para que propor ideias seja um problema de todos.

Essa é uma lição fundamental por trás da ascensão da tecnologia de código aberto, mais notavelmente do Linux. Um valoroso exército de programadores, organizados em grupos, escreveram um código de computador, permitiram que esse código pudesse ser revisado por qualquer um e, competindo e cooperando numa comunidade global, remodelaram o mercado de *software*. A genialidade do Linux como modelo de inovação está no fato de ser impulsionado pela genialidade básica dos milhares de programadores que o criaram.

É hora de criar uma abordagem à inovação menos descendente, para que propor ideias seja um problema de todos

Segundo Tim O'Reilly, fundador e diretor-executivo da O'Reilly Media, editora de livros de informática e uma evangelista das tecnologias de código aberto, a criatividade já não se resume a saber quais empresas contam com os executivos mais visionários, mas quais possuem a "arquitetura de participação" mais atraente. Isto é, que empresas tornam mais fácil, interessante e gratificante para uma vasta gama de colaboradores oferecer ideias, resolver problemas e aprimorar produtos.

Na Rite-Solutions, a arquitetura de participação é tão séria quanto divertida. Cinquenta e cinco ações são listadas na bolsa de valores interna da empresa, chamada Diversão Mútua. Cada ação é acompanhada de uma descrição detalhada – denominada *"expect-us"*, em contraposição a prospecto –, sendo negociada inicialmente a um preço de US$ 10. Cada empregado recebe US$ 10 a título de "dinheiro de opinião" para alocar entre as ofertas, e os empregados sinalizam seu entusiasmo investindo numa ação e, melhor ainda, voluntariando-se a trabalhar no projeto. Os voluntários participam dos lucros, na forma de dinheiro de verdade, se a ação é convertida em um produto ou proporciona economias.

Segundo o sr. Martino, 57 anos, presidente da Rite-Solutions, a bolsa, iniciada em janeiro de 2005, já produziu valiosos dividendos. Uma das primeiras ações era uma proposta de aplicação de uma tecnologia de visualização tridimensional, semelhante ao *videogame*, destinada a ajudar os marinheiros e o pessoal de segurança doméstica a tomar decisões em situações de emergência. Inicialmente, o sr. Marino não ficou muito entusiasmado com a ideia – "Não sou um jóquei de *joystick*" –, mas o apoio que havia entre os empregados foi irresistível. Hoje, essa linha de produto, chamada Rite View, responde por 30% das vendas totais da empresa.

"Será que isso teria acontecido se a decisão coubesse exclusivamente aos caras da alta gerência?", pergunta o sr. Marino. "Claro que não. Mas não podíamos ignorar o fato de tantas pessoas estarem unidas em torno da ideia. Esse sistema nos retira o fardo terrível de termos de estar sempre certos."

Outra virtude dessa bolsa de valores interna, acrescenta o sr. Lavoie, é permitir encontrar boas ideias em fontes improváveis. Entre as principais tecnologias da Rite-Solutions estão algoritmos de reconhecimento de padrões usados em aplicações militares, bem como nos sistemas de jogos eletrônicos dos cassinos, um grande mercado para a empresa. Uma integrante do pessoal administrativo com nenhuma qualificação técnica sugeriu que essa tecnologia também poderia ser utilizada no âmbito educacional, de modo a criar uma maneira divertida para os estudantes aprenderem história ou matemática.

Ela criou uma ação chamada Vencer/Jogar/Aprender, que atraiu uma torrente de engenheiros ávidos por transformar a ideia em produto. Seu entusiasmo levou a reuniões com a Hasbro, estrada acima de Pawtrucker, e a Rite-Solutions obteve um contrato para colaborar na criação de seu sistema multimídia VuGo, lançado no último Natal.

Para o sr. Lavoie, essa inovação é um exemplo do "gênio calado" que passa despercebido na maioria das organizações. "Jamais teríamos ligado aqueles pontos", disse ele. "Mas um empregado aventou uma ideia, muitos empregados se apaixonaram por ela e isso gerou uma nova linha de negócios."

...um exemplo do "gênio calado" que passa despercebido na maioria das organizações

A próxima fronteira é explorar o gênio que existe fora das organizações – de modo a atrair inovações de pessoas que estejam preparadas para trabalhar com uma empresa, mesmo que não trabalhem para essa empresa. Um intrigante exemplo disso é a InnoCentive, laboratório virtual de pesquisa e desenvolvimento por intermédio do qual grandes corporações convidam cientistas e engenheiros do mundo todo a contribuir com ideias e solucionar problemas que não puderam resolver por si próprias.

A InnoCentive, baseada em Andover, Massachusetts, é literalmente um mercado de ideias. Seus contratos incluem mais de 30 empresas bem cotadas, incluindo a Procter & Gamble, a Boeing e a DuPont, cujos laboratórios de pesquisa se curvam sob o peso de problemas não solucionados e projetos inacabados. Além disso, a InnoCentive recrutou mais de 90 mil biólogos, químicos e outros profissionais de mais de 175 países. Esses "solucionadores" competem entre si para superar os espinhosos desafios técnicos apresentados pelas empresas "garimpadoras". Cada desafio contém uma descrição científica detalhada, um prazo e um prêmio que pode chegar até US$ 100 mil.

"Estamos falando da democratização da ciência", disse Alpheus Bingham, que atuou durante 28 anos como cientista e executivo de pesquisa sênior da Eli Lilly & Company, antes de tornar-se presidente e diretor-executivo da InnoCentive. "O que acontece quando você abre sua empresa para milhares e milhares de mentes, cada qual com um conjunto inteiramente diferente de experiências de vida?"

A InnoCentive, fundada como *start-up* independente pela Lilly, em 2001, detém um recorde impressionante – uma longa lista de valiosas ideias científicas que chegaram, com surpreendente velocidade, dos lugares mais remotos. Além dos Estados Unidos, os principais países que fornecem "solucionadores" são a China, a Índia e a Rússia.

No mês passado, a InnoCentive atraiu uma infusão de US$ 9 milhões de capital de investimento para acelerar seu crescimento. "Há uma 'mente coletiva' lá fora", garante o dr. Bingham. "A questão para as empresas é saber o quanto dessa "mente coletiva", elas podem acessar."

Essa questão permanece sem resposta em muitas empresas, cujos líderes continuam a confiar no poder de seus próprios cérebros como principal fonte de ideias. No entanto, há evidências de que mais e mais executivos da alta gerência estão começando a reconhecer os limites de seu gênio individual.

De volta à Rite-Solutions, por exemplo, uma das mais valiosas ações da Diversão Mútua é a própria bolsa de valores. São tantos os executivos de outras empresas que pediram para estudar tal sistema que uma equipe defendeu a ideia de licenciá-lo como produto – outra oportunidade inesperada.

"Não há nada de errado com a experiência", opina o sr. Marino, presidente da companhia. "O problema é quando a experiência obstrui o caminho da inovação. Como fundadores, a única coisa que sabemos é que não sabemos todas as respostas."

Fonte: "Here's an Idea: let everyone have ideas", de William C. Taylor, *New York Times,* © 26 March 2006, *The New Yok Times*. Todos os direitos reservados. Reproduzido com permissão e protegido pelas leis de direitos autorais dos Estados Unidos. A impressão, cópia e distribuição ou transmissão deste material sem autorização expressa, por escrito, é proibida.

GERENCIANDO MODESTAMENTE
POR HENRY MINTZBERG

Uma destacada revista de negócios contrata um jornalista para escrever sobre o diretor-executivo de uma grande corporação. O homem esteve no leme da organização durante muitos anos e é considerado extremamente eficiente. O jornalista apresenta uma matéria excelente, que consegue captar o próprio espírito da vida gerencial da figura retratada. No entanto, a revista recusa publicá-la – a história não é suficientemente excitante, não possui um apelo forte. E, no entanto, a empresa em questão quebrou todos os recordes de lucro em seu setor.

Não muito longe dali, outra grande corporação passa por uma dramática transformação. A mudança está em toda parte, proliferam consultores pelas instalações, as pessoas são dispensadas em grande quantidade. O diretor-executivo figura nas páginas de todas as publicações de negócios. E eis que, de repente, é demitido: o conselho considera a transformação que promoveu um fracasso.

Agora recue no tempo cinco, dez, vinte anos, talvez mais, e leia o que saiu na imprensa de negócios sobre John Scully na Apple, James Robinson na American Express e Robert McNamara no Departamento de Defesa – todos heróis da gestão norte-americana... por um certo tempo. Considere, então, a seguinte proposição: talvez a administração realmente eficiente seja tediosa. Talvez a imprensa seja o problema, junto com os chamados gurus, pois são eles que personalizam o sucesso e divinizam os líderes (até demonizá-los...). Afinal, as corporações são grandes e complexas; descobrir o que realmente aconteceu nelas demanda grande esforço. É muito mais fácil pôr tudo na conta do grande líder: rende histórias melhores.

Caso queira testar essa proposição, experimente examinar a Suíça. Um país bem administrado. Sem rodeios. Pergunte ao próximo suíço que encontrar o nome do chefe de estado. Não se surpreenda se ele não o souber: sete pessoas revezam-se anualmente na gestão do país...

O problema é o presente

Hoje, *hoje*, sempre *hoje*. Essa é a voz da mente obsessivamente analítica, clamando aos ventos atuais.

No entanto, se você quer que a imaginação veja o futuro, é melhor ter a sabedoria para entender o passado. A obsessão pelo presente – pelo que é "quente" e "está na moda" – pode ser fascinante, mas tudo o que faz é cegar as pessoas para a realidade. Mostre-me um diretor-executivo que ignore o ontem, que favoreça aos externos novos frente aos internos experientes, o ajuste rápido em detrimento do progresso constante, e lhe mostrarei um diretor-executivo que está destruindo uma organização.

"Transformar" significa acabar voltando para o mesmo lado. Talvez o problema esteja aí – em todas essas transformações. Não seria o cavaleiro branco da administração o buraco negro das organizações? Que bem terá feito um líder se tudo ruir após sua saída? É possível que as boas empresas não necessitem ser transformadas porque não estão sendo empurradas constantemente para a crise por líderes que têm de deixar suas marcas hoje. Talvez essas empresas sejam simplesmente gerenciadas silenciosamente.

Gerenciando silenciosamente

Qual terá sido o maior avanço já obtido na área da saúde? Não foram as descobertas fundamentais da penicilina ou da insulina, argumenta-se, mas a simples limpeza do sistema de abastecimento de água. Talvez seja hora, portanto, de limparmos nossas organizações e nossas mentes. É nesse espírito que teço algumas considerações sobre certas palavras silenciosas do mundo da gestão.

- *Inspirar*. Gestores silenciosos não delegam poder a seus funcionários – "delegar poderes" é tido como algo muito natural. Eles *inspiram* seu pessoal. Criam condições que promovem a abertura e desencadeiam o potencial. A abelha rainha, por exemplo, não toma decisões; ela simplesmente emite uma substância química que mantém todo o sistema social unido. Nas colmeias humanas, chamamos isso de *cultura*.

Os gestores silenciosos fortalecem os laços culturais entre as pessoas, não as tratando como "recursos humanos" descartáveis (provavelmente o termo mais ofensivo já cunhado no universo da administração, ao menos até o advento de "capital humano"), mas como membros respeitados de um sistema social coeso. Quando se confia nas pessoas, não é preciso delegar-lhes poder.

A abelha rainha não leva o crédito pelo eficiente trabalho das abelhas operárias. Ela apenas faz seu trabalho com eficiência, para que elas possam fazer o delas. Não há nenhum bônus para a abelha rainha além daquilo que lhe é necessário.

Na próxima vez que você ouvir um diretor-executivo falar sobre trabalho em equipe, sobre como "nós" fizemos tudo isso ao nos reunirmos, pergunte a esse "nós" quem está ganhando que tipo de bônus. Quando ouvir esse chefe gabar-se de sua visão de longo prazo, pergunte como esses bônus são calculados. Se a cooperação e a previsão são tão importantes, por que esses poucos estão faturando com generosas opções de compra de ações? Receberemos o dinheiro de volta quando os preços caírem? Não seria hora de reconhecer esse tipo de remuneração executiva pelo que é: uma forma de corrupção, não apenas de nossas instituições, mas de nossas sociedades como sistemas democráticos?

- *Cuidar*. Gestores silenciosos cuidam de suas organizações; não tentam cortar os problemas como fazem os cirurgiões. Passam mais tempo evitando problemas do que os corrigindo, pois sabem o suficiente para saber quando e como intervir. De certa forma, seu procedimento assemelha-se à medicina homeopática: prescrever pequenas doses para estimular o sistema a se corrigir. Melhor ainda, é como o melhor da enfermagem: oferecer um cuidado gentil que, em si mesmo, transforma-se na cura.

Gestores silenciosos passam mais tempo evitando problemas do que os corrigindo

- *Infundir*. "Se você quer saber os problemas que enfrentamos ao longo dos anos", disse-me certa vez alguém de uma importante companhia aérea, "basta olhar para as unidades de nossa matriz. Toda vez que temos um problema, criamos uma nova unidade para lidar com ele." Isso é gestão por intrusão: introduzir algo ou alguém para resolver o problema. Ignore as pessoas e tudo o mais: isso é passado. O que o presidente recém-chegado poderia saber sobre o passado? Além do mais, os analistas de ações e os repórteres das revistas não têm tempo para permitir que o novo presidente descubra.

A gestão silenciosa está relacionada à *infusão*, mudança que ocorre lenta, contínua e profundamente. Em vez de ter as mudanças jogadas contra si em episódios dramáticos e superficiais, todos assumem a responsabilidade, assegurando que ocorra uma mudança séria.

Isso não significa mudar tudo o tempo todo – que é apenas outra forma de dizer anarquia. Significa estar sempre mudando alguma coisa enquanto se mantêm as outras estáveis. Chame isso de melhoria contínua *natural*, se preferir. O truque, evidentemente, é saber o que mudar e quando. E para isso não há substituto para uma liderança que conheça intimamente a organização, trabalhando com uma mão-de-obra respeitada e acreditada. Desse modo, quando as pessoas partirem, inclusive os líderes, o progresso continuará.

- *Iniciar*. Moisés oferece nossa imagem do processo estratégico: descer das montanhas carregando a palavra dos céus para os fiéis que aguardam. É a redenção dos céus. Naturalmente, havia muitas pessoas para ler as tábuas, de modo que os líderes tiveram de gritar essas "formulações" para todos esses "implementadores". Tudo muito claro.

Exceto que a vida nos vales lá embaixo é muito mais rica e complexa. É disso que deve tratar a estratégia – não das elegantes abstrações dos escritórios executivos, mas dos padrões confusos da vida cotidiana. Logo, enquanto a alta gerência se mantiver lá em cima, desconectada, poderá gritar para baixo todas as estratégias que quiser: elas jamais funcionarão.

A gestão silenciosa... está relacionada com arregaçar as mangas e procurar saber o que está acontecendo. E ele não cai de paraquedas sobre a organização; constrói-se desde a base – sem jamais deixar essa base. Opera "no solo", onde reside o conhecimento necessário para a formulação de estratégias. Essa gestão mistura-se à vida diária da corporação, de modo que todos que tenham os pés firmemente plantados no solo podem desenvolver iniciativas excitantes. Assim, os gestores que estiverem em contato com eles poderão promover essas iniciativas e estimular o processo por meio do qual as estratégias se desenvolvem.

Em outras palavras, o gestor é tanto a organização quanto [a pintura de um cachimbo é o cachimbo]... Uma organização saudável não precisa passar de um herói a outro; ela é um sistema social coletivo que sobrevive naturalmente às mudanças na liderança. Se você quiser julgar o líder, olhe para a organização de dez anos trás.

Além do silêncio

A gestão silenciosa está relacionada à reflexão, à reflexão arraigada na experiência. Palavras como sabedoria, confiança, dedicação e julgamento aplicam-se aqui. A liderança funciona porque é legítima, o que significa dizer que é parte integrante da organização e, como tal, tem o respeito de todos os seus membros. O amanhã é apreciado porque o ontem é honrado. Isso faz do hoje um prazer.

De fato, a melhor gestão de todas pode muito bem ser silenciosa. Assim, as pessoas podem dizer: "Nós mesmos fizemos". Porque realmente fizeram.

Fonte: Reimpresso, com supressões, a partir de Henry Mintzberg, "Managing quietly", *Leader to Leader*, Spring 1999, 24-30.

GERENCIANDO SEM GESTORES
POR RICARDO SEMLER

No Brasil, onde o paternalismo e a empresa familiar com estrutura feudal ainda florescem, sou presidente de uma empresa industrial que trata seus 800 empregados como adultos responsáveis. A maioria deles – incluindo os operários das fábricas – estabelece seu próprio horário de trabalho. Todos têm acesso à contabilidade da empresa. A vasta maioria vota em muitas decisões corporativas importantes. Todos são pagos mensalmente, independentemente da descrição do cargo, e mais de 150 de nosso pessoal administrativo estabelecem seus próprios salários e bônus...

Nunca é fácil transplantar programas gerenciais de uma empresa para outra. Na América do Sul, é axiomático que nossa estrutura e nosso estilo não possam ser reproduzidos. Ou a Semco é pequena demais, grande demais, longe demais, jovem demais, velha demais ou antipática demais.

Talvez sejamos também especializados demais. Realizamos fabricação em células de produtos tecnologicamente sofisticados e trabalhamos com qualidade e preços voltados para o segmento superior do mercado... Não obstante, o mérito de compartilhar experiências é estimular a experimentação e plantar as sementes da mudança conceitual...

O blá-blá-blá da participação

O primeiro dos três valores da Semco é a democracia, ou o envolvimento do empregado. Evidentemente, os trabalhadores que controlam suas condições de trabalho serão mais felizes do que aqueles que não as controlam. Não menos evidente é o fato de que não há comparação entre a empresa que compra a submissão de sua força de trabalho e a empresa que usufrui da participação empreendedora de seus funcionários.

No entanto, cerca de 90% do tempo, a gestão participativa não passa de conversa fiada. Não que as intenções não sejam boas – mas implementar o envolvimento do empregado é um processo tão complexo, tão difícil e, não raro, tão frustrante, que é mais fácil falar do que fazer...

A pirâmide organizacional é a causa de tanto mal corporativo, já que o topo está muito longe da base

A redução do tamanho da empresa é essencial para pôr os empregados em contato uns com os outros, a fim de que possam coordenar seu trabalho. O tipo de distância que queremos eliminar deve-se ao fato de termos pessoas demais em um só lugar, mas isso ocorre por haver uma pirâmide hierárquica.

Pirâmides e círculos

A pirâmide organizacional é a causa de tanto mal corporativo, uma vez que o topo está muito longe da base. Pirâmides enfatizam o poder, promovem a insegurança, distorcem as comunicações, restringem as interações e tornam muito difícil para as pessoas que planejam e para as que executam andar na mesma direção. Por conta disso, a Semco concebeu um *círculo* organizacional. A maior vantagem desse círculo é reduzir os níveis gerenciais a apenas três – um nível corporativo e outros dois operacionais nas unidades de produção.

A estrutura organizacional consiste de três círculos concêntricos. Um minúsculo círculo central contém as cinco pessoas que integram os movimentos da empresa. São os conselheiros que citei anteriormente. Sou um deles, e, salvo por alguns documentos legais que me denominam presidente, conselheiro é o único título que uso. Um segundo círculo, mais amplo, comporta os chefes de nossas oito divisões – nós os chamamos parceiros. Finalmente, um terceiro círculo, imenso, acomoda todos os empregados. A maioria deles é composta pelas pessoas que denominamos sócios; eles são responsáveis pelas atividades de pesquisa, projeto, vendas e produção, não tendo ninguém reportando-se a eles de forma regular. Não obstante, alguns compõem equipes permanentes e temporárias, e são os líderes de tarefas que chamamos de coordenadores. Temos, portanto, conselheiros, parceiros, coordenadores e sócios – quatro títulos e três camadas gerenciais.

Os eixos do sistema são os coordenadores, um grupo que inclui as pessoas anteriormente chamadas contramestre, supervisor, gestor, diretor ou chefe. As únicas pessoas que se reportam aos coordenadores são os sócios. Nenhum coordenador se reporta a outro coordenador – é essa característica do sistema que garante a diminuição das camadas gerenciais...

Os sócios costumam receber salários maiores que os dos coordenadores e os dos parceiros, podendo elevar seu *status* e sua remuneração sem ingressar na esfera "gerencial".

Os gestores, o *status* e o dinheiro que usufruem – numa palavra, a hierarquia – eram o grande e único obstáculo à gestão participativa. Tínhamos de tirá-los do caminho da tomada de decisão democrática, e nosso sistema circular fez isso muito bem.

Mas fomos mais longe. Não contratamos nem promovemos as pessoas até que tenham sido entrevistadas e aprovadas por todos os seus futuros subordinados. Duas vezes ao ano, os subordinados avaliam os gestores. Também duas vezes ao ano, todos na empresa preenchem anonimamente um questionário sobre a credibilidade da companhia e a competência da alta administração. Entre outras coisas, perguntamos a nossos funcionários o que os levaria a deixar a empresa ou a fazer greve.

Insistimos em que as decisões sejam tomadas de forma cooperativa, sendo que certas decisões são tomadas pelo voto da organização como um todo. Muitos anos atrás, por exemplo, precisávamos de uma fábrica maior para nossa divisão naval, que fabrica bombas de água, compressores e hélices de navios. Nossos corretores procuraram durante meses e não encontraram nada. Então, pedimos que os próprios empregados nos ajudassem na tarefa, e, no fim da primeira semana, eles encontraram três instalações à venda, todas nas cercanias. Fechamos a fábrica um dia inteiro, colocamos todos em vários ônibus e fomos inspecionar os três prédios. Então, os trabalhadores votaram – e escolheram um fábrica que não havia agradado aos conselheiros. Era uma situação interessante – um teste para nosso comprometimento com a gestão participativa...

Em outra ocasião, eu estava certo de que deveríamos adquirir uma dada empresa. No entanto, os empregados achavam que não estávamos preparados para digeri-la, e fui voto vencido. Numa situação como essa, a credibilidade de nosso sistema de gestão está em jogo. O envolvimento do empregado precisa ser real, efetivo, mesmo que incomode a gerência. De qualquer forma, que futuro terá uma aquisição se as pessoas que vão operá-la não a consideram utilizável?

Contratando adultos

Temos ainda outras formas de combater a hierarquia. Nossos programas baseiam-se majoritariamente na noção de dar aos empregados o controle de suas próprias vidas. Numa palavra, contratamos adultos e os tratamos como adultos.

Pense nisto. Fora da fábrica, os trabalhadores são homens e mulheres que elegem governos, servem às Forças Armadas, lideram projetos comunitários, criam e educam famílias e tomam decisões diárias sobre o futuro. Amigos solicitam seus conselhos. Vendedores os cortejam. Filhos e netos recorrem à sua sabedoria e experiência. Mas, no momento em que pisam na fábrica, a empresa os transforma em adolescentes. Obriga-os a vestir uniformes e crachás, chegar a determinada hora, formar fila para bater ponto...

Uma das primeiras medidas que tomei ao assumir o controle da Semco foi abolir normas, manuais, regras e regulamentos. Todos sabem que uma grande organização não pode ser gerida sem regulamentos, mas todos sabem que a maioria dos regulamentos não passa de conversa fiada. Raramente eles resolvem problemas...

Também é verdade que o bom senso exige uma pequena dose de desobediência civil sempre que alguém chama a atenção para algo que não está funcionando... então, substituímos os regulamentos detalhistas pela regra do bom senso e colocamos nossos empregados na exigente posição de fazer seu próprio julgamento.

Não temos códigos de vestimenta, por exemplo. A ideia de que a aparência pessoal é importante em um trabalho – em qualquer trabalho – é papo furado... Uma empresa que se vale de ternos executivos para provar sua seriedade provavelmente precisa de uma prova mais consistente... homens e mulheres são mais apresentáveis quando se sentem bem...

Estimulamos – praticamente insistimos na rotação de cargos a cada dois a cinco anos, para evitar o tédio. Procuramos proporcionar estabilidade profissional, e, para pessoas acima dos 50 anos ou que estejam na empresa há mais de três anos, os procedimentos de demissão são extraordinariamente complicados.

No lado mais experimental, temos um programa para *trainees* de nível inicial chamado "Perdidos no Espaço", por meio do qual contratamos a cada ano pessoas sem qualquer descrição de cargo. Um "padrinho" as supervisiona, e, por um ano, elas podem fazer o que bem entenderem, contanto que experimentem no mínimo 12 áreas ou unidades diferentes.

Pela mesma lógica que rege nossos outros programas para empregados, também eliminamos os relógios-ponto. As pessoas fazem seus próprios horários... um funcionário queria começar seu trabalho às 7h, mas, como o operador da empilhadeira só chegou às 8h, ele não pôde pegar suas peças. Seguiu-se, então, uma discussão geral, e o resultado foi que agora todos sabemos como operar uma empilhadeira...

Caçando o mamute

...Como destacou Antony Jay, o homem corporativo é um animal muito recente. Na Semco, procuramos respeitar o caçador que dominou os primeiros 99% da história de nossas espécies. Se você tivesse de matar um mamute ou ficar sem jantar, não teria tempo para traçar um organograma, designar tarefas ou delegar autoridade...

Reúna dez pessoas, não aponte um líder e você pode estar certo de que um líder surgirá – assim como um observador, um corredor e tudo mais quanto seja necessário ao grupo. Formamos os grupos, mas eles encontram seus próprios líderes. Isso não significa que não possuam uma estrutura – apenas que essa estrutura não é imposta desde cima.

Mas, voltando ao mamute, por que motivo os membros do grupo, que estavam tão ansiosos para realizar sua parte do trabalho – observar, correr, lancear, chefiar –, não hesitavam em por-se de lado quando havia alguém mais competente para o serviço? Porque todos comeriam o animal uma vez que fosse abatido e cozinhado. O que importava eram os resultados, não o *status*.

O lucro corporativo é a carne de mamute de hoje. E, embora haja uma visão disseminada de que a participação nos lucros é uma espécie de infecção socialista, a impressão que tenho é de que poucas ferramentas motivacionais poderiam ser mais capitalistas. Todos concordamos que os lucros devem pertencer àqueles que arriscam seu próprio capital, que o comportamento empreendedor merece recompensa, que a criação de riqueza deve enriquecer o criador. Bem, dependendo de como você define capital e risco, todos esses truísmos podem aplicar-se tanto aos trabalhadores quanto aos acionistas...

A experiência da Semco convenceu-me de que a participação nos lucros tem uma excelente chance de funcionar quando coroa um amplo programa de envolvimento dos empregados, quando os critérios para essa participação são tão claros e simples que mesmo o empregado menos dotado, e talvez o mais importante, é capaz de compreendê-los quando os funcionários podem acessar mensalmente as estatísticas vitais da empresa – custos, despesas gerais, vendas, folha de pagamento, impostos, lucros.

Transparência

...Nada é mais importante do que aquelas estatísticas vitais – relatórios breves, francos e frequentes sobre o desempenho da empresa. Transparência total. Nada de engodos, trapaças ou simplificações. Muito pelo contrário.

Na Semco, os empregados frequentam aulas para aprender a ler e compreender os números, e é um de seus sindicatos que ministra o curso. Cada empregado recebe mensalmente um balanço financeiro, uma análise de lucros e perdas e uma demonstração do fluxo de caixa relativo à sua própria divisão...

O que importa nos orçamentos e nos relatórios é que os números sejam poucos e importantes, e que as pessoas os tratem com algum sentimento próximo da paixão. Os relatórios trimestrais, com seus 70 itens individuais, nos dizem como gerir a empresa, dizem a nossos gestores quão bem conhecem suas unidades e dizem a nossos empregados se haverá lucro. Todos trabalham com base na mesma informação, e todos aguardam sua divulgação com o que eu chamaria de uma curiosidade fervorosa.

E isso é tudo. O envolvimento das pessoas permite-lhes ter o controle de seu trabalho, a participação nos lucros lhes dá uma razão para aprimorar seu desempenho e a informação lhes diz o que está e o que não está funcionando.

Deixando os empregados fazer o que querem

Portanto, não temos sistemas, funções de apoio, analistas nem nada disso. O que temos são as pessoas que vendem e as pessoas que produzem – nada entre elas. Existe um departamento de *marketing*? Pode apostar que não. O *marketing* é problema de todos. Todos conhecem o preço dos produtos. Todos conhecem o custo. Todos recebem o relatório mensal que diz exatamente o que cada um produz, quanto estamos gastando, quantas horas extras estamos pagando, tudo isso. E o empregado sabe que 23% dos lucros após os impostos são seus.

Somos muito, muito rigorosos com os resultados financeiros. Nós queremos que eles os tenham no quarto dia do mês para que possamos anunciá-los no quinto dia. E, por sermos tão rígidos com os controles financeiros, podemos ser extremamente relaxados com o resto. Os funcionários podem pintar as paredes da cor que quiserem. Podem voltar para casa sempre que assim decidirem. Podem vestir qualquer roupa que se sintam confortáveis. Podem fazer o que bem entenderem. Cabe a eles verificar a relação entre a produtividade e o lucro e tomar as devidas providências.

Fonte: Trechos retirados de Ricardo Semler, "Managing without managers", *Harvard Business Review*, September-October, 1989. Reimpresso com permissão de *Harvard Business Review*. Copyright © 1989 Harvard Business School Publishing Corporation; todos os direitos reservados.

Depois que tudo é dito e feito, mais é dito do que feito. Esopo, 620-560 a.C.

ÍNDICE

a abordagem gerencial do "cuidar" 78–80, 139–140
abelhas 75–76, 137–140
ação 31–34, 116–117
   aleatória 33–34
   modelo de tomada de decisão "primeiro faça" 21–25
   orientação à 25–26, 78–80
ação aleatória 33–34
Accenture 36–40
agregação 81
ajuda a países em desenvolvimento 45–46
Albuquerque 94–95
altos gestores, metáfora dos ingredientes 114, 116–117
Amazon 95–96
Ampex 95–96
análise 28–32, 75–77, 104–105
antecipação 54–55
aplicabilidade universal 70–71
Apple 95–96
aprendendo 55–58
apresentação de dados 42–45
arte 24–25, 127–128
autoridade 47–48
autorregulação 109–110
aventura 52, 56–57, 61–63

Barrett, Colleen 97–98
Bingham, Alpheus 136–137
bitola de estradas de ferro 114, 116–118
bitola-padrão das estradas de ferro 114, 116–118
bolsa de valores interna 134–137
bom senso 143–144
Bombardier 106–107
bônus 84–86, 131–134
bônus de retenção 85–86
Boston Consulting Group 117–119
brevidade 25–26
Broughton, Philip 49
Buffett, Warren 98–99
Bush, George W. 19–21, 107–108
caos 27–31
Carlson, Sune 17
carros de guerra do Império Romano 116–118
Cattaui, Maria, 72–73
chief executive officers (CEOs) 104–105
   compensação 84–86, 130–134, 139–140
   desempenho de CEOs formados por Harvard 102, 105–106
   incapacidade de uma celebridade executiva para transformar uma empresa 52, 58–61

jogos 68, 84–86
que se acreditam estrategistas 74–75
ciência 24–25, 127–128
    democratização 135–137
círculo organizacional 65–66, 73–74, 144–145
Cisco Systems 96–98
clássicos, *management* 71–73
clássicos de gestão 71–73
clima, fértil 126–127
códigos de vestimenta 143–144
Compaq 59–60, 96–97
comportamento supersticioso 16, 31–34
comprometimento 61–63
comunicação
    componentes contraditórios 36, 46–49
    formal e informal 25–26, 80–82
    impacto da Internet 26–27
confiabilidade da informação 81–82
Conselhos de administração 99–100
controle 26–28
    ilusão de 32–34
    imagens de 27–31
    participação do empregado na Semco 143–145
Cox, Christopher 107–108
crenças 83–84
formulação estratégica 24–25, 127–128
    estratégia artesanal 114, 124–128
criatividade 58–59, 123–125
    deixando que todos tenham ideias 130, 133–137
culto à liderança 63, 65–66, 76–77
cultura 123–124, 137–140
dados objetivos 25–26, 81, 82
deficiências 16, 19–22
delegação de poder 75–77, 137–138
Deming W. Edwards 71–72
demissões 74–75
    e cortes de custos 95–97
democracia (envolvimento do empregado) 47–48, 141–145
descentralização 71–72, 75–77
descoberta criativa 22–24
descontinuidade 126–127
desempenho
    CEOs formados por Harvard 102, 105–106
    incentivos financeiros e 94–95
desenvolvimento, liderança 123–125
desperdício 45–46
Devons, Eli 33–34, 82

distorção 47–48
diversificação 71–72
Donaldson, Tom 94–95
Drucker, Peter 17, 64–65, 71–72, 98–99
educação gerencial *ver* programas de MBA
empreendedorismo 57–58
    e gestão 59–61
enfermagem (como modelo gerencial) 78–80
engenharia 114, 116–118
Enron 107–108
envolvimento do empregado 47–48, 141–146
pérolas da gestão 40–42
escalando 61–63
escândalos 107–110
escândalos de abuso de informações privilegiadas (*insider trading*) 108–109
escolas de administração *ver* programas de MBA gerador de jargões 49–50
estabilidade 125–126
estética 125–127
estilo cognitivo, PowerPoint 36, 41–46
estratégias 74–75, 104–105
    artesanais 114, 124–128
    iniciando 140
estrategistas 74–75, 114, 124–128
estrategistas criativos 74–75
estrategistas generosos 74–75
estudos do tempo 13
evidências de apoio 82–84
Ewing, David 105–106
falso estímulo 70–71
família 97–98
fast food 46–47
Fiorina, Carly 58–60, 96–97
Fleming, Alexander 23–24
flexibilidade 143–144
foguetes de combustível sólido (SRBs) 117–118
Ford, Henry 60–61
Ford Motor Company 77–78, 120–123
Foster, Mark 37–40
fragmentação 25–26
Fujisawa, Takeo 117–118
fusões 96–98, 142–144
Galbraith, John Kenneth 32–33
General Electric 81
General Motors 60–61, 75–77
Gerador Sistemático de Jargões (SBPP) 36, 49–50
gestor inevitavelmente imperfeito 16, 19–22
Gerstner, Lou 63–65

gestão 15–36
  e teoria e prática na vida real 16, 27–32
  folclore e fatos 16, 24–27
  pérolas da 40–41
  imagens do 24–25, 27–31
  impacto da Internet 26–28
  regente de orquestra como metáfora 16, 17, 26–27
  sem gestores 130, 141–146
gestão calada 130, 136–140
gestão da cadeia de suprimentos 71–72
gestão da qualidade total (TQM) 69–72, 75–76
gestão do talento 38–39
gestão japonesa 69–72, 118–119
  comparação com a gestão norte-americana 114, 120–123
gestão modesta 129–146
  deixando que todos tenham ideias 130, 133–137
  gestão silenciosa 130, 141–146
  quartel-mestre substituto 130–132
  reavaliação da compensação ao CEO 130–134
gestão na vida real, teoria e 16, 27–32
gestão norte-americana comparada com gestão japonesa 114, 120–123
gestão participativa 47–48, 141–146
gestão por objetivos 64–65
gestores
  comportamento supersticioso e ritos mágicos 16, 31–34
  diferenças em relação aos empreendedores 59–61
  gerenciando sem 130, 141–146
  inevitavelmente imperfeitos 16, 19–22
  intermediários 47–48, 72–74
  qualidades dos gestores eficientes 16, 19–21, 60–61
  seniores 114, 116–117
  termos usados para 16, 18
gestores artesãos 80
gestores intermediários 47–48, 72–74
Goodwin, Fred 107–109
Google 97–98
governos municipais 45–46
gráficos, PowerPoint 42–45
graus de liberdade 26–27
grupos, liderança definida por 53–55
gurus de gestão 71–72
Halpin, James 97–98

Harvard Business Review (*H. B. R.*) 27–32
Harvard Business School
  celebrações do 100º aniversário 108–110
  desempenho de CEOs formados por Harvard 102, 105–106
  método de estudo de caso 102, 103–105
  prejuízo causado pelos alunos em serviços financeiros 102, 107–112
Hasbro 135–136
Hewlett, Bill 59–60
Hewlett-Packard (HP) 58–60, 96–97
Honda, Soichiro 117–119
Honda 114, 117–121
Hornby, Andy 107–108
humildade 54–55, 123–124
IBM 63–65
ideias 130, 133–137
Ilhas Trobriand 32–33
iluminação 23–24
ilusão 47–48
ilusão de controle 32–34
imagens
  de gestão 24–25, 27–31
  de liderança 53–54
implementação 104–105
  modismos e implementação parcial 70–72
impotência 33
impulsos contraditórios 47–49
incentivos financeiros 94–95
incubação 23–24
índios labradores 33–34
individualidade 63, 65–66
informação
  formal 25–26, 80–82
  informal 25–26, 80–82
  predisposições no processamento 68, 82–85
  transparência 144–146
informação contábil 144–146
informação formal 25–26
  limitações da 80–82
infusão 139–140
iniciação 140
InnoCentive 135–137
inovação 57–59, 90
insights 22–24
interconexões globais 122–123
Internet 26–28, 122–123
interrupções 25–29
intervenção 78–80

jargões 36–46
   Accenture 36–40
   gerador de 36, 49–50
   pérolas da gestão 36, 39–42
   PowerPoint 36, 41–46
   solução de problemas 36–38
Jay, Anthony 144–145
Jogos 68, 84–86
jogos de classificação das escolas de administração 101, 111–112
jovens 123–125
Kamprad, Ingwar, 21–22
Kierkegaard, Søren 127–128
King, W. J. 98–99
Koehler, W. 23–24
Kostov, Alexander 22–23
Langer, E. J. 32–33
Lavoie, James R. 133–136
Lei 20/80 (Lei de Pareto) 89
Lei da Inovação de Terman 90
Lei de Berra 89
Lei de Cropp 89
Lei de Dobbins 89
Lei de Dow 89
Lei de Epstein 89
Lei de Hendrickson 89
Lei de Hofstadter, 89
Lei de McGovern 89
Lei de Pareto (Lei 20/80) 89
   Primeira Lei 88, 89, 91–93
Lei de Patton 90
Lei de Pierson 90
Lei do Conselho de Dave 89
Leis da Burocraia de Boren 89
Leis de Kettering 89
Leis de Wolf 90
Leis de Zimmerman 90
leis e regras de A a Z 88–90
liderança 51–66, 122–125
   ausência de necessidade de grandes líderes em grandes organizações 76–78
   como aventura 52, 56–57, 61–63
   culto à 63, 65–66, 76–77
   desenvolvimento 123–125
   distribuída 52–56, 65–66, 123–124
   e senso comunitário 52, 63–66
   erros relacionados a 39–41
   heroica 52, 60–63
   imagens de 53–54
   incapacidade de uma celebridade executiva em transformar sozinha uma empresa 52, 58–61

   superstição e 32–33
   Whole Foods 52, 55–59
liderança como serviço 54–55
liderança conquistada 64–66
liderança distribuída 52–56, 65–66, 123–124
liderança heroica 52, 60–63
liderança imposta 64–66
liderança transformacional 52, 58–61, 76–77 137–138
Liedtka, Jeanne 25–26
Light, Jay 108–112
removedor de insetos de luminárias 102, 106–107
Linux 134–135
Los Angeles 119–120
Lukes, Martin 37–38
má citação de Grossman 89
Mackey, John 52, 55–59
macrogerenciamento 64–65
Malinowski, B. 32–33
Managerium 41–42
March, James 22–23
Marino, Joseph M. 133–137
Marketing 145–146
máximas 87–100
   desafios às 88, 93–98
   leis e regras de A a Z 88–90
   plágio 97–100
   Primeira Lei de Parkinson 88, 89, 91–93
(MBO – *management by objective*) 69–72
McDonald's 58–59, 77–78
McNamara, Robert 137–138
mensuração 28–32, 75–77
mercado de motocicletas japonês 117–119
   ver também Honda
metáfora do regente de orquestra 36, 46–49
metáforas organizacionais 72–74, 141–143
método de estudo de caso 102–105
microgerenciamento 64–65
Microsoft 95–96
mitos da gestão 67–86
   popularidade dos modismos 68–73
   preconcepções humanas 68, 82–85
   reflexões sobre a gestão 68, 72–82
   remuneração dos CEOs e jogos 68, 84–86
   terceirização 68–70
mitos da gestão de Heller 89
modelo de tomada de decisão "primeiro faça" 21–25
modelo de tomada de decisão "primeiro pense" 21–25

modelo de tomada de decisão "primeiro veja" 21–25
modismos de gestão 68–73, 75–80
Moore, O. K. 33–34
motivação 144–145
Mozart, Wolfgang Amadeus 22–23
mudança 113–128
   contribuição dos altos executivos 114, 116–117
   engenharia e estabilidade 114, 116–118
   estratégia artesanal 114, 124–128
   gestão da mudança como um oximoro 114, 115
   gestão japonesa comparada com a gestão norte-americana 114, 120–123
   Honda nos Estados Unidos 114, 117–121
   mundo em mudança e desenvolvimento da liderança 114, 122–125
mundo, em mudança 47–48, 141–146
Netscape 95–96
Neustadt, Richard 81
novidade 71–72
O'Neal, Stan 107–108
O'Reilly, Tim 16, 17, 26–27
Observação de Peter 90
On Management 27–32
ônibus espacial 117–118
opções de compra de ações 94–95
orçamentos 144–145
organização circular 72–74, 141–143
organogramas 134–135
orientação 89
ossos de alce 33–34
outsiders como CEOs 58–60
Packard, Dave 59–60
padrões 126–127
pagamento de incentivos 94–95
   ver também bônus
países em desenvolvimento 45–46
Pan Am 120
papel inspirador da gestão 137–140
participação nos lucros 144–146
passado, apreciando o 127–128, 137–138
Paulson, Hank 107–108
pensamento de grupo 83–84
Pensamento de Maugham 89
Pfeiffer, Jeffrey 93–98
pirâmide organizacional 72–74
plágio 88, 97–100
planejamento 55–57, 90
   como relações públicas 36, 45–47
   comportamento supersticioso 16, 31–34
   estratégico *ver* planejamento estratégico
   folclore e fato 24–26
   pérolas da gestão 40–41
planejamento estratégico 13, 125–126
   limitações da informação formal para 80–82
   Ver também planejamento
planejamento nacional 45–46
Podolny, Joel 107–108
políticos 21–22
PowerPoint 36, 41–46
preconcepções humanas 82–85
Prentice-Hall 73–74
preocupações correntes 71–72
preparação 23–24
prescrição 70–71
previsão 16, 31–34
PricewaterhouseCoopers (PwC) 59–60
Primeiro Mito do Gestão 89
Princípio da Discussão Deslocada 89
Princípio de Peter 90
problemas ambientais 122–124
problemas sociais 122–124
processamento de comida congelada 46–47
programas de MBA 64–65, 77–80, 101–112
   comparação de um MBA com um removedor de insetos de luminárias 102, 106–107
   jogos de classificação das faculdades de administração 102, 111–112
   método do estudo de caso de Harvard 102–105
   prejuízo causado por MBAs nos serviços financeiros 102, 107–112
qualidades de gestores eficientes 16, 19–21, 60–61
quartel-mestre geral 130–132
quartel-mestre substituto 130–132
quartel-mestre substituto indiano 130–132
racionalidade 31–32, 46–47, 83–85
   abordagem racional à tomada de decisão 21–25
Raytheon 98–99
redução de tamanho 141–142
reduções de custo 59–60, 95–97
reengenharia 77–78
reestruturação de empresas 52, 58–61, 76–77, 137–138
Regra de Zusmann 90
relacionamentos
   hierárquicos e laterais 25–27
   entre colegas de escritório 97–98

relações públicas, planejamento como 36, 45–47
removendo camadas hierárquicas 73–75
remuneração dos executivos 84–86, 130–134, 139–140
indenizações milionárias (*golden parachute*) 84–85
reuniões 90
Revelação de Bonafede 89
Rite-Solutions 133–137
Rite View 135–136
ritmo do trabalho gerencial 24–27
ritos mágicos 16, 31–34
Robinson, James 137–138
Royal Bank of Scotland 107–109
Ruskin, John 123–124
sabedoria 123–125
sabedoria convencional 83–84
SAS Institute 95–97
Sayles, Leonard 17
Scheinman, Dan 96–98
Scully, John 137–138
Semco 141–146
senso comunitário 52, 63–66
separação vida-trabalho 97–98
serviços financeiros 106–112
setor de motocicletas 114, 117–121
significado 35–50
   comunicação de componentes contraditórios 36, 46–49
   estilo cognitivo do PowerPoint 36, 41–46
   jargões *ver* jargões
   planejamento como relações públicas 36, 45–47
simplicidade 70–71
sistema multimídia VuGo 135–136
Skilling, Jeff 107–108
slideware 41–46
Sloan, Alfred 60–61, 75–76
Smith, Jack 76–77
Snook, Scott 109–110
solução de problemas 36–38
Southwest Airlines 97–98
Starbucks 58–59
status 133–134
Staw, Barry 95–96
suborno 29–31

Suíça 76–77, 137–138
Sutton, Robert 93–98
Swanson, William 97–100
tabelas 42–45
Taylor, Frederick 13
tecnologias de código aberto 134–135
tempo 81
   flexibilidade na Semco 143–144
   o trabalho se estende até preencher o tempo disponível para sua conclusão (Primeira Lei de Parkinson) 88, 89, 91–93
terceirização 68–72
termos para gestores 16, 18
Thain, John 107–108
Thiokol 117–118
tomada de decisão 16, 21–25, 90, 104–105
   coletiva 142–144
Toronto University Business School 19–21
Toyota 118–123
trabalho
   prorrogação para preencher o tempo disponível para sua conclusão (Primeira Lei de Parkinson) 88, 89, 91–93
   ritmo do 24–27
   separação da vida particular 97–98
trabalho de consultoria 78–80, 109–112, 115
trabalho de equipe 106–107, 132–133
transparência 144–146
valor do acionista 132–133
vantagem do pioneiro 95–96
variedade 25–26
verificação 23–24
viagem 123–125
visão 23–24
visão a longo prazo 132–133
Viswanathan, Kaavya 99–100
Vivendi 60–61
Wallas, G. 23–24
Wal-Mart 95–96
Wason, P. C. 82
Weick, Karl 23–24
Whole Foods 52, 55–59
Wikis 122–123
WorldCom 60–61
Xerox 95–96
Xilinx 95–97